中共成都市委党校"学习贯彻习近平总书记来川视察重要资助项目，项目编号：E-2023-ZD001。

U0609716

全面发力

推进乡村振兴的成都实践研究

吴晓婷 等 ｜ 著

中央党校出版集团
国家行政学院出版社
NATIONAL ACADEMY OF GOVERNANCE PRESS

图书在版编目（CIP）数据

全面发力：推进乡村振兴的成都实践研究 / 吴晓婷
等著. -- 北京：国家行政学院出版社，2024.11.
ISBN 978-7-5150-2908-5

Ⅰ.F327.711

中国国家版本馆 CIP 数据核字第 2024EP4144 号

书　　　名	全面发力：推进乡村振兴的成都实践研究
	QUANMIAN FALI：TUIJIN XIANGCUN ZHENXING DE CHENGDU
	SHIJIAN YANJIU
作　　　者	吴晓婷　等　著
统筹策划	陈　科
责任编辑	陈　科　陆　夏
责任校对	许海利
责任印制	吴　霞
出版发行	国家行政学院出版社
	（北京市海淀区长春桥路 6 号　100089）
综 合 办	（010）68928887
发 行 部	（010）68928866
经　　　销	新华书店
印　　　刷	北京九州迅驰传媒文化有限公司
版　　　次	2024 年 11 月北京第 1 版
印　　　次	2024 年 11 月北京第 1 次印刷
开　　　本	170 毫米×240 毫米　16 开
印　　　张	14.25
字　　　数	172 千字
定　　　价	48.00 元

本书如有印装问题，可联系调换，联系电话：（010）68929022

前 言
PREFACE

　　党的二十大报告指出，全面建设社会主义现代化国家，最艰巨最繁重的任务仍然在农村。农业农村现代化是中国式现代化的重要组成部分，没有农业农村的现代化，就没有国家的现代化。新征程上全面推进乡村振兴既是针对"三农"发展和城乡关系调整的战略部署，也是推动高质量发展、全面建设社会主义现代化国家的内在需要。2023年7月，习近平总书记在四川考察时发表重要讲话，为推动治蜀兴川提出明确要求，指出要把乡村振兴摆在治蜀兴川的突出位置，在推进乡村振兴上全面发力。习近平总书记的重要讲话为成都当前与今后加快农业农村现代化指明了主攻方向，具有十分重要的指导意义。

　　习近平总书记指出，要巩固脱贫攻坚成果，把乡村振兴摆在治蜀兴川的突出位置，更好扛起粮食、生猪、油料等重要农产品稳产保供责任。要抓住种子和耕地两个要害，加强良种和良田的配套，打造新时代更高水平的"天府粮仓"。要在产业发展、乡村建设、乡村治理等方面，聚焦群众反映强烈、能抓得住、抓几年就能见到成效的几件事，集中资源，加快突破，形成标志性成果。要学习运用浙江"千万工程"经验，聚焦小切口，锲而不舍、久久为功。农村宅基地改革要守住底线。要把住土地流转关，不能借流转之机搞"非农化"。要加强社会保障体系城乡统筹，推动基本公共服务城乡均等化。一系列指示饱含了习近平总书记对四川全面推进乡村振兴的嘱托与期许。成都作为国家发展的战略腹地，将持续加快全面推进乡村振兴，坚持"长短结合"抓重点、抓关键。

从古至今，成都平原一直是我国的产粮宝地。推进乡村振兴全面发力是一项系统、复杂且持久的工程，关键在"全面"，重点在"全面"，难点也在"全面"，全面发力包括多渠道、多主体和全方位覆盖，但全面发力不是"撒胡椒面"式平均用力，而是针对乡村振兴的重难点问题、重点困难地区使更大更全的力气。无论是"全面"，还是"发力"，都饱含了习近平总书记对四川全面推进乡村振兴的嘱托与期许。作为民族、地貌、气候多样化的西南地区腹地，四川加快全面推进乡村振兴，对于更好扛起粮食、生猪、油料等重要农产品稳产保供责任，服务国家大局意义重大。新时代，成都市在建设践行新发展理念的公园城市示范区进程中，更要在推进乡村振兴上全面发力，抓住种子和耕地两个要害，以打造新时代更高水平的"天府粮仓"成都片区为主攻点，深入学习运用浙江"千万工程"经验，更好促进现代都市与大美乡村融合发展，不断丰富公园城市乡村表达。具体而言，将以建设践行新发展理念的公园城市示范区为统领，全力推动新时代更高水平"天府粮仓"成都片区建设取得新进展、农业科技创新实现新突破、现代都市农业发展取得新成效、宜居宜业和美乡村建设迈出新步伐，全面促进农业高质高效、乡村宜居宜业、农民富裕富足，为奋力书写中国式现代化成都新篇章作出更大贡献。

本书基于习近平总书记2023年7月在四川考察指示精神中的"在推进乡村振兴上全面发力"构建基本框架，遵循"提出问题-分析问题-解决问题"的思路，形成"理论解构-实践探索-政策思考"基本框架。作为农业大省的省会城市，成都在推进乡村振兴上如何全面发力？如何将习近平总书记的乡村战略擘画转化为实景图？首先，是协同推动乡村产业振兴、人才振兴、文化振兴、生态振兴和组织振兴，与产业兴旺、生态宜居、乡风文明、治理有效、生活富裕的总体要求互为表里。其次，是在产业发展、乡村建设、乡村治理等方面，聚焦群众反映强烈、抓得住、抓几年就能见效的几件事，集中资源，加快突破，形成标志性经验成果。最后，是要学习运用浙江"千万工程"经验，聚焦小切口，锲而不舍、久久为功，在更好扛起粮食和重要农产品稳产保供责任、打造新时代更高水平的"天府粮仓"、把住土地流转关、推动基本公共服务城乡均等化等方面作出探索与突破。研究方法上，主要运用到文献研究法、调查研究法、系统分析法和案例研究法，回答"是什么、怎么样、怎么办"等问题，使整个研究凸显系统性和整体性。整本书共计10章，前四章为理论层面解构乡村振兴全面发力，第五至九章为政策思考即全面发力推进乡村振兴的现实进路，第十章为乡村振兴全面发力成都实践探索。内容上从理论和历史维度回答了"为何要在推进乡村振兴上全面发力""如何在推进乡村振兴上全面发力"等一系列问题；从献策维度提出全面发力推进乡村振兴的进路；从实践维度案例中梳理成都在经济社会发展过程中推进乡村振兴上全面发力的基本探索。针对挖掘产业发展、乡村建设、乡村治理、集体经济等方面标志性成果，探索成都打造新时代更高水平的"天府粮仓"，把住土地流转关，进一步加强社会保障体系、城乡融合等方面开展相关研究，仅供广大读者在实际工作中参考借鉴。

目　录

CONTENTS

第一章

导论：乡村振兴迈上全面发力新台阶

党的十八大以来，党中央把解决好"三农"问题作为全党工作的重中之重，打赢脱贫攻坚战，提出实施乡村振兴战略，推动农业农村取得历史性成就，为党和国家事业全面开创新局面提供了重要支撑。习近平总书记就"三农"工作发表一系列重要讲话、作出一系列重要指示，为做好巩固拓展脱贫攻坚成果同乡村振兴有效衔接工作指明了前进方向、提供了根本遵循。新发展阶段，要准确把握"三农"工作新的历史方位和战略定位，聚焦"国之大者"，围绕"五大振兴"，扎扎实实推动巩固拓展脱贫攻坚成果同乡村振兴有效衔接高质量发展，加快打造新时代乡村振兴样板之地，推动乡村振兴迈上全面发力新台阶。

第一节　全面推进乡村振兴是中国特色反贫困道路的持续深化

"大道之行也，天下为公。"改革开放 40 余年来，按照现行贫困标准计算，我国已有 7 亿多人脱离贫困；按照世界银行国际贫困标准，中国成为世界上减贫人口最多的国家，对全球减贫的贡献率超过 70%，减贫速度明显快于全球，贫困发生率远低于全球的平均水平。国家统计局 2022 年发布报告显示，我国在世界上率先完成联合国千年发展目标的减贫任务，并且提前十年完成联合国《2030 年可持续发展议程》既定的减贫目标，为世界减贫作出重大贡献。打赢脱贫攻坚战以来，我国乡村发展道路全面迈入乡村振兴战略，旨在持续破解乡村发展过程中存在的相对贫困问题。毋庸置疑，乡村要继续实现农业农村现代化是一个必须面对的现实课题与难题，这也意味着必须剖析并厘清脱贫攻坚与乡村振兴的内在差异，进而更好理解乡村振兴持续深化中国特色反贫困道路。回溯我国反贫困历史，展望中国式现代化政策，全面发力推进乡村振兴是对中国特色反贫困道路的延续。我国消除农村绝对贫困的实践以及在此过程中形成的中国特色反贫困理论，为发展中国家解决经济增长与减贫脱节问题提供了可供借鉴的方案，是对我国减贫伟大实践的总结和升华，是指导全面打赢脱贫攻坚战的制胜法宝，同时也是马克思主义反贫困理论中国化的最新成果。在有力有效推进乡村全面振兴的进程中，仍然需要以中国特色反贫困理论为依托，不断巩固拓展脱贫攻坚成果，加快推动农业农村现代化发展。党的二十大报告指出，"完成脱贫攻坚、全面建成小康社会的历史任务，实现第一个百年奋斗目标"，这是新时代十年对党和人民事业极具现实意义和深远历史意义的三件大事之一。党的十八大以来，我国围绕增加低收入人群收入出台了一系列政策与制度，围绕打赢脱贫攻坚战、解决区域性整体贫困问题、消除绝对贫困的艰巨任务，创造了一个又一个彪炳史册的人间奇迹。2021 年，我国宣布脱贫攻坚战取得全面胜利，这无疑彰显了中国共产党团结带领人民在迈向共同富裕的道路上前进了一大步。取得脱贫攻坚战全面胜利之战，不仅在中国特色反贫困道路上具有重要意义，也彰显了中国对全世界人类文明反贫困事业的巨大贡献。新中国成立以来，我们党始终关心关注贫困群体生存环境，立足基本国情，梳理减贫的基本规律，先后出台了一系列强有力的政策措施。特别是党的十八大以来，脱贫工作取得前所未有的进展，构建了一套全面、有效的政策体系、制度体系和评估体系，为乡村振兴奠定了坚实基础，也由此形成了中国特色反贫困理论。此外，我国的脱贫攻坚取得的系列丰硕成果与理论经验，无疑为全世界发展中国家破解农业、农村和农民难题提供了思路和经验。全面发力推进乡村振兴是一个长达几十年的长期工作，在深度、广度、难度上都不亚于脱贫攻坚，更需要汲取脱贫攻坚经验，围绕新时代推进中国式现代化，创造性和创新性地推动农业农村现代化发展，有力有效全面推进乡村振兴。

2021 年 2 月，习近平总书记在全国脱贫攻坚总结表彰大会上指出，乡村振兴是实现中华民族伟大复兴的一项重大任务。尤其是立足新发展阶段、贯彻新发展理念、构建新发展格局，"三农"工作亟须破解诸多新的挑战。必须始终坚持把"三农"工作放在首位，作为全党工作的重中之重，坚持农业农村优先发展，逐步缩小城乡差距，保证低收入群体和脱贫地区脱贫人口共同富裕。我国脱贫攻坚取得了举世瞩目的成就，创造了人类减贫史上的奇迹。我国脱贫攻坚这一伟大实践离不开伟大理论的指导。我们党立足中国国情，以马克思主义反贫困理论为指导，科学把握减贫规律，走出了一条中国特色减贫道路，形成了中国特色反贫困理论。[1] 中国特色反贫困理论结合国情、农情持续创新提出精准扶贫方针、坚持党对扶贫工作的全面领导、坚持以人民为中心的发展思想、坚持构建扶贫大格局、坚持激发脱贫内生动力、坚持守望相助携手减贫等内容，在反贫困方法论、反贫困制度论、反贫困价值论、反贫困合力论、反贫困动力论及全球减贫论等方面作出了创新性贡献。[2] 一系列理论成果为新时代全面发力推进乡村振兴战略、

---

① 刘朝帅、王立胜：《中国特色反贫困道路深化：乡村振兴战略》，《经济与管理评论》2022 年第 6 期。

② 燕连福、谢克：《中国特色反贫困理论的创新性贡献及对推进乡村振兴战略的指导意义》，《思想理论教育导刊》2021 年第 7 期。

加快农业农村现代化指明了前进方向，提供了理论遵循。

一、脱贫攻坚与乡村振兴战略的差异

2020 年底，我国的反贫困事业基本取得全面胜利，解决了当时标准下的绝对贫困，但仍然存在诸多相对贫困群体，任务艰巨。那么，应当如何破解当下我国所面临的相对贫困问题呢？首要任务是厘清脱贫攻坚与乡村振兴战略的差异（见表 1-1）。

表 1-1　脱贫攻坚与乡村振兴战略的差异

项目	脱贫攻坚	乡村振兴
目标	"两不愁三保障"	农村现代化（城乡融合）
手段	精准脱贫、精准扶贫	精细化公共服务体系
对象	贫困地区贫困群体	全国农村的农户
目的	第一个百年奋斗目标	第二个百年奋斗目标
任务	阶段性任务	长期性任务
拟解决问题	绝对贫困	相对贫困、隐性贫困
资源配置方式	行政配置资源（输血）	市场配置资源（造血）
制度体系	基础性制度体系	差异性政策体系
利益诉求	特惠制	普惠制
动力来源	外部推动为主	内外同时发力

从上表中可知，脱贫攻坚和乡村振兴在诸多方面差异明显，尤其是从原有"两不愁三保障"到实现农业农村现代化、从精准帮扶到普惠性帮扶、从解决绝对贫困到解决相对贫困、从外生推动到内外同时发力明显变化。[1] 同时，通过对比也能发现，新时代的乡村振兴战略应是中国特色反贫困道路的进一步深化与延伸。

---

① 刘朝帅、王立胜：《中国特色反贫困道路深化：乡村振兴战略》，《经济与管理评论》2022 年第 6 期。

二、乡村振兴战略是中国特色反贫困道路的延伸与深化

从根源看，反贫困与乡村振兴都是旨在破解发展不平衡、不充分的难题。从理论价值与内在目标看，二者内在统一。从现实实践来看，二者具备实践中的"行为耦合性"。二者的共同特征为全面发力推进乡村振兴战略接续巩固拓展脱贫攻坚成果奠定基础。

从我国现阶段主要矛盾来看，新时代我国的社会主要矛盾发生了重要变化，从"人民群众日益增长的物质文化需要同落后的社会生产之间的矛盾"转化为"人民日益增长的美好生活需要和不平衡不充分的发展之间的矛盾"。从主要矛盾的变化可以发现，随着社会的不断进步，人民的需求在不断变化，从吃饱穿暖向更高水平的物质需求、精神需求升级。党的十八大以来，我国以脱贫攻坚解决贫困地区、贫困人口的"两不愁三保障"，以乡村振兴持续巩固拓展脱贫攻坚成果，解决相对贫困和隐性贫困问题。脱贫攻坚和乡村振兴都承担着提振经济、发展乡村产业，特别是发展基础产业以及保障就业增收的产业任务。从现实来看，脱贫攻坚与乡村振兴的方法论基本一致、"战略路径的接续性、战略价值协同性"一致，基本方法可以得到延续。① 脱贫攻坚主要从"五个一批"实现贫困地区、贫困群众脱贫，其中在资金、技术、人力等要素方面以外生输入为主，同时改善基础设施、鼓励发展地方产业、提高贫困人口内生动力等。乡村振兴则一方面要持续发挥脱贫攻坚的成功方法和经验，另一方面鼓励乡村发展新产业、新业态，不再依托分散经营和低效无序发展；坚持脱贫攻坚期形成的成功体系，坚持党指导"三农"一切工作，坚持"五级书记"抓乡村振兴，且在全面推进乡村振兴过程中持续深化、优化。

---

① 刘朝帅、王立胜：《中国特色反贫困道路深化：乡村振兴战略》，《经济与管理评论》2022年第6期。

从解决问题的核心来看，脱贫攻坚旨在解决绝对贫困，乡村振兴则重点解决相对贫困和隐性贫困，无疑乡村振兴是中国特色反贫困道路的延续。从绝对贫困与相对贫困根源来看，马克思认为贫困的产生根源是资本主义社会异化劳动，而社会主义国家与资本主义国家有着本质区别，尤其是生产资料公有制从制度根源上消除了阶级与压迫，不再存在异化劳动。然而，社会主义国家生产力落后，在诸多方面与发达资本主义国家现代化水平存在较大差距，故而会导致生产力落后，相对贫困不断产生和变化，亟须持续发展生产力和市场经济。从根源上，绝对贫困与相对贫困变化是基于社会基本矛盾的变化，是广大群众对美好生活的追求，也是新时代的根本特征。从二者的特点来看，前者是短缺经济的表征，处于这一情形下的社会生活资料短缺，无法及时满足基本生活需要；后者是在经济、社会相对发达的情况下存在的隐性贫困、能力贫困，同时也意味着这类人群在日常生活、社会地位、权力、竞争力等方面处于相对弱势。简单来讲，绝对贫困仅仅指经济、生活水平滞后和短缺；相对贫困内涵更广，还包括精神贫困。美国著名社会学家和人类学家奥斯卡·刘易斯曾经提出著名的"贫困文化"恶性循环理论（贫困文化理论）。其认为，贫困实际上表现为一种自我维护的文化体系，也就是贫困文化。穷人由于长期生活于贫困中，形成了一套特定的生活方式、行为规范和价值观念，诸如屈从意识，不愿意规划未来，没有实现理想的能力以及怀疑权威，等等。因此，从解决问题的核心而言，脱贫攻坚是乡村振兴的前提并为后者筑牢基石，而乡村振兴则是要解决隐性贫困，补齐短板，持续巩固；可以说乡村振兴是前者更深层次的进化，把脱贫攻坚战略延续下来做细、做透，也即实现脱贫攻坚的政策向乡村振兴政策的平稳过渡，积极促进乡村经济的"实质性"转化和发展。

从实现路径来看，脱贫攻坚与乡村振兴战略顺利完成都需要建立在农业农村现代化的基础上。虽然二者都是在城乡二元结构下提出的战略，但本质上还存在着区域发展不平衡、不充分的问题。首先，乡村振兴战略的内容是坚持"以人民为中心"的基本理念，是具备内涵式的发展和内生动力式的发展，通过一步一个脚印解决好人民群众所关心的急难愁盼问题，实现乡村振兴的产业融合与脱贫攻坚的重点产业相衔接，也可以说乡村振兴就是脱贫攻坚产业发展的延续和深化。脱贫攻坚期，通过产业扶贫带动和帮扶脱贫地区脱贫群众增加收入，但产业帮扶具有时间紧迫、任务繁重等特征，将脱贫攻坚期扶植的产业与当下具备较高要求的乡村产业衔接起来，就是中国特色反贫困道路的持续深化。从政策的可持续性来看，脱贫攻坚是在精准特惠的情况下出台制定的，是对特殊群体的一种政策帮扶，是在对老年人、残疾人、低保人群等贫困户精准识别的基础上所作的帮扶。然而，无论是政策实施还是执行，都无法避免"精英俘获""执行偏差"。鉴于此，在全面推进乡村振兴进程中普惠制政策亟须避免以上情况发生，从脱贫攻坚期的针对极困群体到惠及乡村所有农民，旨在以共同富裕为目标，追求集体利益、普惠群众融合。总而言之，乡村振兴战略与中国特色反贫困道路密切相关。

第二节 全面推进乡村振兴是促进共同富裕的 必经之路

共同富裕美好社会是中国特色社会主义迈向更高阶段的社会形态，乡村振兴是实现共同富裕的必经之路。习近平总书记指出："我们说的共同富裕是全体人民共同富裕，是人民群众物质生活和精神生活都富裕，不是少数人的富裕，也不是整齐划一的平均主义。要深入研究不同阶段的目标，分阶段促进共同富裕。"[①] 在社会主义条件下，共同富

---

① 《习近平谈治国理政》第四卷，外文出版社 2022 年版，第 142 页。

裕有两个层次的含义，第一种含义是指尽管有先富后富之分，但所有劳动者与过去相比，收入都提高了，都能过上美好、幸福的生活；第二种含义是指人民之间即使有按劳分配的收入、靠诚实劳动和合法经营得到的收入造成的差距，也不至于差距过大。① 具体到现实社会，乡村是实现共同富裕的重要抓手，要扎实推进共同富裕，让农民生活在实现共同富裕中取得更为明显的实质性进展，就必须采取强有力的举措全面推进乡村振兴。乡村振兴的总目标是实现农业农村现代化，而农业农村现代化则是实现共同富裕的先决条件。② 因此，讨论乡村振兴与共同富裕之间的逻辑关系应从4个方面来认识。

一、全面推进乡村振兴是迈出共同富裕坚实步伐的必然要求

全面推进乡村振兴是实现城乡融合、缩小城乡二元差距、搭建新型城乡工农关系的关键。中国式现代化是人口规模巨大的现代化，乡村振兴战略关系到数亿农民的基本权益和民生福祉。因此，全面发力推进乡村振兴有利于促进农业农村现代化快速实现、缩小城与乡的现实差距、持续性促进老百姓增收、扎实推进共同富裕迈出坚实步伐，事关中国式现代化建设的质效。全面发力推进乡村振兴，不仅促进农民共同富裕，同时也是扩大中等收入群体规模，优化社会收入结构关系，构建新发展格局的关键。全面发力推进乡村振兴要最大程度地激活社会各界主体、激活各类"沉睡"要素、挖掘乡村多元价值，为乡村振兴提供驱动力。全面发力推进乡村振兴是实现城乡不断互补，不断促进要素融合开创发展新局面的关键；全面发力推进乡村振兴是不

---

① 胡澄：《沉沙无意却成洲——访著名经济学家厉以宁先生》，《北京党史》2006年第1期。

② 黄承伟：《论乡村振兴与共同富裕的内在逻辑及理论议题》，《新华文摘》2022年第6期。

断展示中国特色社会主义制度优越性、不断夯实党的执政基础、凝聚最广泛发展共识,带动全社会主体共同参与、推动"三农"工作的关键。

二、全面推进乡村振兴是实现共同富裕目标的重点且潜力巨大

首先,我国乡村的发展与建设自新中国成立以来取得巨大成就,但"三农"问题仍然是社会主义现代化建设中最突出的短板,也是推动共同富裕的重点难点。一是我国的乡村振兴基础仍然薄弱。我国人口众多资源有限,但农村的人力资源开发和建设仍然较为滞后,存在着较大规模的低收入和特殊困难群体,乡村发展过程中各种要素制约、生态约束愈加严峻,促进农民增收较为困难。二是资源要素由城入乡的渠道尚未健全。从现实来看,资源要素聚合反应的交易成本仍然居高不下,农业作为靠天吃饭的特殊弱质产业的本质并未得到改善。三是实现共同富裕的基础与路径不够丰富。从国内实践探索来看,缺乏经典的可推广、可借鉴的共同富裕模式;从国际视角来看,益贫增长、共享发展是世界面临的共同难题,需要更多的创新实践探索来破解。

其次,全面发力推进乡村振兴是扎实推进共同富裕、实现中国式现代化最具潜力的领域。[①] 我国乡村既存在着普遍的资源匮乏现象,又存在着大量资源闲置、浪费的现象,各类资源要素尚未被有效激活。而这些要素既能服务于乡村振兴,又能够为中国式现代化建设提供源源不断的动能,实现共同富裕的乡村和群众则能够持续服务新发展格局。

最后,城市文明和乡村文明的共存也是人类在现代化发展的过程

---

① 黄承伟:《论乡村振兴与共同富裕的内在逻辑及理论议题》,《新华文摘》2022年第6期。

中对人与自然和谐共生的诠释，高质高效的乡村建设与城市文明相互促进，使人们可以在城乡之间自由游走，这也是大多数人理想的生活状态。

三、共同富裕是全面推进乡村振兴的目标方向

2017年，党的十九大报告首次提出乡村振兴战略，并明确提出"产业兴旺、生态宜居、乡风文明、治理有效、生活富裕"20字总要求。总要求中，"生活富裕"是乡村振兴的总出发点，也是最终落脚点，是实现农业农村现代化的最终目标，是落实农民富裕富足的美好期盼。我国的乡村振兴道路必然坚持共同富裕，这是现实要求。而扎实推进共同富裕则是高质量推动乡村全面振兴的目标方向和行动指南。第一，通过探索共同富裕的实践基础、实现路径和机制，持续促进农业农村现代化，有利于探索更加有效的行动和发展，促进市场融入乡村，成为乡村振兴全面发力的主体之一，从而使得共同富裕成为更加行之有效的目标。第二，共同富裕是衡量乡村振兴质效的重要标的。考核乡村振兴是否取得绩效，不仅看乡村产业发展、人居环境改善等方面的进展，更重要的方向是共同富裕。第三，共同富裕不只是通过改变市场机制实现超越发展阶段的公平，也不只是回到"吃大锅饭"的状态，而是有效利用市场机制，发挥"政府＋市场"的"双手"，实现有为政府与有效市场的融合。

四、共同富裕目标下的乡村振兴需要全面发力

共同富裕目标下乡村振兴的实现基础、机制必须通过全面深化改革才能更加完善。如，城乡深度融合发展只有依托有为政府、有效市场和有机社会才能协同推进，融合的核心依旧是市场机制，但重点落脚于开放共享、集体产权改革；如，城乡之间互补互促得到新型关系，

仍然需要在持续改革进程中充分利用市场工具、金融政策、依托人工智能 AI、数智乡村，以政府的投入机制改革、利益分担制度改革、资源要素股权机制建立、三次分配等新型机制推动实现。总而言之，推进共同富裕旨在持续提高中低收入群体的收入水平，加快推动我国迈入中等收入群众的队伍。就当前来看，要扩大中等收入群体规模，关键在于乡村振兴，通过提升农业农村的现代化水平和广大农民的富裕程度，避免两极分化和阶层固化，进而促进全体人民共同富裕。可以说，依托乡村振兴推进共同富裕，不仅是一个政治问题，也是一个经济问题，更是一个社会问题。

从政治角度来看，立足乡村振兴推进共同富裕宣示了中国共产党百年不变的初心使命，显示了社会主义制度优越性和彰显了以人民为中心的价值旨归。从经济角度来看，围绕乡村振兴推进共同富裕有助于缩小贫富差距，进一步释放消费潜力，进而推动我国经济持续健康发展。[①] 从社会角度来看，依托乡村振兴推进共同富裕为广大人民群众创造一个公平竞争的机会，畅通向上流通渠道，进而保持整个社会和谐稳定与实现人的公平公正。我国的乡村振兴是全面的振兴，既包括经济、文化、社会的振兴，也包括医疗卫生、公共服务、生态环境的振兴，更包括人的素质、精神、能力的振兴，走的是一条内涵式发展道路。

第三节　全面推进乡村振兴是中国式现代化的
必然选择

强国必先强农，农强方能国强。2023 年 4 月，习近平总书记在广

---

① 蒋永穆、何媛：《扎实促进全体人民共同富裕：时代要求，难点挑战和路径安排》，《思想理论教育导刊》2021 年第 11 期。

东考察时强调："推进中国式现代化，必须全面推进乡村振兴，解决好城乡区域发展不平衡问题。"实施乡村振兴战略，是党中央作出的重大决策部署，是全面建设社会主义现代化国家的重大历史任务，是新时代"三农"工作的总抓手。党的二十大报告指出，全面建设社会主义现代化国家，最艰巨最繁重的任务依然在农村，统筹乡村基础设施和公共服务布局，建设宜居宜业和美乡村。当前，加快推进农业农村现代化是建设农业强国、全面建成社会主义现代化强国的重要任务，是破解发展中的不平衡不充分问题的重要举措，更是推动农业高质高效、农村宜居宜业、农民富裕富足的必然选择。从实现中华民族伟大复兴的角度来看，全面发力推进乡村振兴是就"三农"工作与改善城乡二元关系的战略布局，更是全面建设社会主义现代化国家的内在要求，乡村振兴是实现中国式现代化的重要内容，全面推进乡村振兴能够为中国式现代化提供坚实支撑。

一、全面推进乡村振兴彰显以人民为中心的发展思想

全面发力推进乡村振兴是"以人民为中心"推进中国式现代化的重要体现。党的二十大报告强调"江山就是人民，人民就是江山"，人民性是马克思主义的本质属性，人民立场是中国共产党的根本政治立场。中国式现代化是人口规模巨大的现代化，也是实现全体人民共同富裕的现代化，坚持以人民为中心是实现中国式现代化的内在要求。全面发力推进乡村振兴，必须始终坚持把体现农民利益、反映农民愿望、维护农民权益、增进农民福祉落实到农业农村现代化建设的全过程，使中国式现代化始终得到人民的衷心拥护和坚定支持。我国加快实现农业现代化、加快促进城乡融合发展的过程，也是实现城乡均衡发展、可持续发展，不断增进人民幸福，扎实推进共同富裕的过程。

一是全面发力推进乡村振兴必然要以"产业兴旺"为抓手,破解农业生产过程中面临的经营成本高、收益低等问题,加快推动农业科技的转化、推广和应用,因地制宜推进多种形式的农业合作组织和发展农业服务组织,促进社会化经营组织服务并衔接小农。同时,培育农业机械化、信息化、智能化、设施化乡村新产业、新业态,提高生产效率和效益,拓展农业多元发展空间,拓宽农民增收致富的有效路径,从根源上消弭城乡居民间的收入差距、消费差距和生活差距。二是全面发力推进乡村振兴重视"人"的关键性作用,数亿农民的"全面发展"成为全面发力的关键,而"共同富裕"则是物质富裕和精神富裕的二者统一,兼顾农民的"口袋"和"脑袋",让农民既是现代化成果的受益者也是共建现代化的参与者,不断激活农民的主人翁意识、劳动意识,持续传承农民的淳朴与吃苦耐劳精神,守护乡村独特的价值意蕴,为加快推进人口规模巨大的现代化、促进全体人民共同富裕创造了有利条件。

二、全面推进乡村振兴是实现农业农村现代化的"动力源"

全面发力推进乡村振兴实现农业农村现代化,是推进中国式现代化的重要动力源泉。全面推进乡村振兴,到 2035 年基本实现农业现代化,到本世纪中叶建成农业强国。这是党中央着眼全面建成社会主义现代化强国作出的重要战略部署。推进中国式现代化,首先是实现经济基础的现代化,在生产力意义上表现为产业体系的现代化,其中就包括农业的现代化。没有农业现代化就难以实现中国式现代化,因此,全面发力推进乡村振兴既是我国社会主义现代化建设重大任务的基本目标,也是中国式现代化道路得以发展的必备前提。没有农业农村现代化,社会主义现代化就是不全面的,必须把加快建设农业强国放在社会主义现代化强国建设的重要地位。

习近平总书记强调："没有农业强国就没有整个现代化强国；没有农业农村现代化，社会主义现代化就是不全面的。"① 以中国式现代化全面推进中华民族伟大复兴，要求我们必须加快推进农业农村现代化。从现代化发展的部署来看，农业农村现代化是实现整个国家的现代化的基础。毋庸置疑，全面建设社会主义现代化国家最艰巨、最繁重的任务仍然在农村，"四化"同步的短板弱项依然在农村。突出表现在农业基础薄弱、发展滞后、城乡差距依然较大。农业农村现代化的短板是否能补足，关乎全面建设社会主义现代化国家的质量和成色。

三、全面推进乡村振兴是构建发展新格局的"推进器"

在构建以国内大循环为主体、国内国际双循环相互促进的新发展格局中，国内大循环的核心是内需，把战略基点放在扩大内需上，农村有巨大空间，可以大有作为。农村地区人口众多，是最广阔的大市场，近年来随着收入水平的提高，农民的消费能力大大增强，增速连续11年跑赢了城镇，但由于农村消费观念落后、远离市场中心等原因，农村的消费活力并没有被激发出来。从国家统计局公布的数据来看，我国社会消费品零售总额在2023年达到471495亿元，城镇消费品零售额407490亿元，乡村消费品零售额64005亿元。数据显示，我国农村常住人口达到总人口的四成，但乡村消费品零售额只达到全社会商品零售总额的13.57%左右。表明城乡居民的收入水平、购买力仍然存在着较大的差距；同时反映出我国乡村消费市场未来有着很大的成长空间。因此，畅通城乡经济双循环，农村具备最广泛、最深厚的基础以及较强的潜力后劲，是我国农业农村发展新的历史方位，更是中国式现代化的国情表征。

---

① 习近平2022年12月23日在中央农村工作会议上的讲话。

四、全面推进乡村振兴是中国式现代化的题中之义

中国式现代化是人口规模巨大的现代化。人口规模巨大，是我国的基本国情，也是中国式现代化的重要特征之一。截至 2023 年末，我国 14 亿多人口的规模，超过现有发达国家人口的总和，而其中乡村常住人口 47700 万人，"一个不能掉队"地迈向现代化，其难度之大、挑战之多，不难想象。我国发展最大的不平衡是城乡发展不平衡，最大的不充分是农村发展不充分。党中央从我国发展实际出发，顺应亿万农民对美好生活的向往，着眼于解决我国社会主要矛盾，作出全面推进乡村振兴的战略决策，就是解决现代化的短板问题，向农村全面发展进步聚焦发力，以推动农业农村农民与国家同步实现现代化，这在人类历史上是一件有深远影响的大事。

中国式现代化是全体人民共同富裕的现代化。实现共同富裕是中国特色社会主义的本质要求，是人民群众的共同期盼，而要实现共同富裕，乡村振兴是必经之路。党的十八大以来，"我们坚持精准扶贫、尽锐出战，打赢了人类历史上规模最大的脱贫攻坚战"①，脱贫攻坚的伟大成就奠定了共同富裕的坚实基础，但城乡差距依然明显，城乡二元结构依然是我国最大的结构性问题，农民富裕的步伐仍然滞后，共同富裕还是一个极为艰巨的任务，这是我们在现代化进程中不可回避的现实问题，也是必须解决好的重大课题。全面推进乡村振兴不单是促进共同富裕的根本之策，更是实现中国式现代化的重要措施。

中国式现代化是物质文明与精神文明协调发展的现代化。中国式现代化是以人民为中心的现代化，物质富足、精神富有是社会主义现代化的根本要求。人民美好生活不仅包括物质上的体验，也包括精神上的丰盈，特别是为亿万农民谋幸福，不但要有乡村产业的兴旺，更

---

① 《习近平著作选读》第一卷，人民出版社 2023 年版，第 6 页。

要有乡村文化的繁盛，必须坚持物质文明和精神文明一起抓，"实施乡村振兴战略不能光看农民口袋里票子有多少，更要看农民精神风貌怎么样"①，推进中国式现代化就是要提升农民精神风貌，持续提高乡村社会文明程度。

第四节　乡村振兴是实现中华民族伟大复兴的 重大任务

从中华民族伟大复兴战略全局看，民族要复兴，乡村必振兴。乡村振兴是实现中华民族伟大复兴的一项重大战略任务，是习近平总书记擘画的解决我国"三农"问题的总抓手。实现中华民族伟大复兴中国梦，是历史的、现实的、未来的，也是具体的、实践的、繁巨的，必须一步一步走稳走实，行稳而致远。"求木之长者，必固其根本；欲流之远者，必浚其泉源。"要在中华民族伟大复兴征程中稳步前行、百举百全，必须全面推进乡村振兴、夯实"三农"根基。进入实现第二个百年奋斗目标新征程，"三农"工作重心历史性地转向全面推进乡村振兴，党的二十大报告强调要全面推进乡村振兴，认为全面建设社会主义现代化国家，最艰巨最繁重的任务仍然在农村。显然，乡村振兴是民族复兴的必经之路，全面推进乡村振兴，促进农业农村发展，让农民富起来，消除城乡差距和两极分化，才能实现共同富裕，从而实现民族的复兴。

一、遵循"农为邦本"的历史定位

从历史观来看，民族要复兴，乡村必振兴。"我国自古以农立国，

---

① 郁芬、顾敏、王岩等：《让人民过上幸福美好的生活——习近平总书记在徐州考察回访记》，《新华日报》2017 年 12 月 13 日。

创造了源远流长、灿烂辉煌的农耕文明,长期领先世界。纵览历朝历代,农业兴旺、农民安定,则国家统一、社会稳定;农业凋敝、农民不稳,则国家分裂、社会动荡。"① 自建党以来,"三农"问题始终是我党革命、建设、改革等时期的根源性问题,党带领亿万农民实现了"两不愁三保障"、摆脱贫困、全面小康的历史性跨越。"小康不小康,关键看老乡",我国在全面建成小康社会进程中兑现了"决不能落下一个贫困地区、一个贫困群众"的庄严承诺。

从历史视角来看,"三农"问题内嵌着我们党的一贯初心和历史使命,厚植着一个国家的命脉根本和发展基础,蕴含着中华民族的文明之根和精神之魂,没有乡村的全面振兴,就没有中华民族的伟大复兴。历史教训和实践经验证明,要坚持用大历史观来看待农业、农村、农民问题,只有深刻理解了"三农"问题,才能更好理解我们这个党、这个国家、这个民族。习近平总书记深刻指出,"历史和现实都告诉我们:农为邦本,本固邦宁","稳住农业基本盘、守好'三农'基础是应变局、开新局的'压舱石'"。② "三农"问题是事关全面建成社会主义现代化强国、实现中华民族伟大复兴、应对世界百年未有之大变局的根本性、基础性问题,也是事关巩固党的长期执政地位、纵深推进治国理政、实现国家长治久安的重大政治问题,只有紧紧抓住这个至关根本、夯实这个重要基础、稳固这个基本"底盘",补齐"三农"短板、破除"三农"瓶颈,中国特色社会主义事业、实现中华民族伟大复兴历史实践才能继往开来、砥砺前行。

二、坚持"农民主体地位"的政治使命

乡村振兴农民是主体、农民是主角。党的百年农地政策创新演进

---

① 习近平:《坚持把解决好"三农"问题作为全党工作重中之重　举全党全社会之力推动乡村振兴》,《求是》2022年第7期。

② 习近平:《论"三农"工作》,中央文献出版社2022年版,第3—4页。

史充分证明，只有把坚持农民主体地位、富裕农民贯穿农地政策创新的始终，才能推动实现乡村振兴。新民主主义革命时期，正是因为通过"打土豪、分田地"实现耕者有其田，坚持了农民的主体地位、捍卫了农民切身利益，让农民成为土地的主人，从而调动了广大农民的革命热情，取得了新民主主义革命的胜利；新中国成立后，在全国进一步深化土地改革，及时创造性探索互助合作，建立初级社、高级社，确立了农地集体所有制度，把依靠农民、发展农民、捍卫农民利益始终贯穿于农地政策创新中，有效激发了农民投身乡村建设的积极性和创造性，取得了农业社会主义改造的伟大胜利；改革开放后，从农地承包制的"两权分离"到农地"三权分置"改革，打破了大锅饭的产权基础，既坚持了农地集体所有的制度，又保障了农民的承包地承包权和宅基地资格权，从而为确保农村社会稳定提供了所有权、承包权和资格权的产权权能基础，有效激活了农地经营权、使用权的资本收益能力，是我们党与时俱进坚持农民主体地位、推进乡村振兴富裕农民的伟大创举，体现了我们党人民至上的农地改革思想。

党的十九届六中全会把"坚持人民至上"明确为我们党百年奋斗的十大历史经验之一，这为我国进一步深化农地政策创新、全面推进乡村振兴提供了根本遵循。必须始终坚持农民主体地位不动摇，切实尊重农民意愿，实施农民能力素质提升工程，不断强化农民主体地位意识，不断增强农民抵御风险的能力；必须始终坚持把不断提升农地价值、富裕农民贯穿新时代新阶段乡村振兴的始终，绝不能以牺牲农民的利益来换取乡村一时的发展，绝不能不顾实际不顾农民意愿盲目搞大拆大建撤村并居，绝不能让乡村各项资源变成资本攫取利益的工具。大力促进乡村治理现代化，切实做到顺应城乡融合与乡村振兴要求，充分发挥农地产权改革在推进乡村振兴中的作用，实现乡村治理能力现代化。

三、传承中华灿烂农耕的文化遗产

中华文明根植于农耕文明。习近平总书记指出:"我国拥有灿烂悠久的农耕文明,必须确保其根脉生生不息,做到乡村社会形态完整有效,文化基因、美好品德传承弘扬,农耕文明和城市文明交相辉映,物质文明和精神文明协调发展,广大农民自信自强、振奋昂扬,精神力量充沛。"① 中共中央、国务院印发的《乡村振兴战略规划(2018—2022 年)》指出,要"深入挖掘农耕文化中蕴含的优秀思想观念、人文精神、道德规范,充分发挥其在凝聚人心、教化群众、淳化民风中的重要作用"。农耕文化是中华优秀传统文化的重要组成部分,不仅体现在历史中,也体现在现实中。随着时代变迁和社会发展,农耕文化也在不断地更新和创新,与其他文化相互融合影响,共同促进了中华文化的发展和繁荣。农耕文化承载着华夏文明生生不息的基因密码,彰显着中华民族的思想智慧和精神追求。中华民族自古以来就是农耕民族,沿着黄河、长江等河流流域开垦了大量土地,并在此种植五谷杂粮,创造了灿烂的农业文明。

农耕文化传承对乡村振兴具有重要的意义和影响。通过促进乡村经济发展、增强乡村文化自信、提升乡村形象等方面的作用,农耕文化传承可以为乡村振兴注入新的活力和动力。因此,加强农耕文化传承工作,对于实现乡村振兴战略目标具有重要的推动作用。农业文化遗产是中华农耕文化的活历史,是中华优秀传统文化的重要组成部分。习近平总书记指出,要"深入挖掘优秀传统农耕文化蕴含的思想观念、人文精神、道德规范"。2023 年中央一号文件提出:"深入实施农耕文化传承保护工程,加强重要农业文化遗产保护利用。"由此可见,高度

---

① 习近平:《加快建设农业强国 推进农业农村现代化》,《求是》2023 年第 6 期。

重视并保护、利用好农业文化遗产，将为实现全面乡村振兴提供重要助力。

四、夯实中华民族伟大复兴基石

"三农"依然是中华民族伟大复兴的"压舱石"。重农固本是安民之基、治国之要。近年来，农业农村经济发展稳中向优，乡村振兴战略平稳推进，成为中国经济增长新的动力空间。从百年大计来看，当下我国正面临世界百年未有之大变局，乡村振兴无疑是实现中华民族伟大复兴的"压舱石"。面对日趋复杂的国际环境，高度不稳定性不确定性愈加明显，经济全球化逆流严峻，全球进入动荡变革期。习近平总书记指出："稳住农业基本盘、守好'三农'基础是应变局、开新局的'压舱石'。对我们这样一个拥有十四亿人口的大国来说，'三农'向好，全局主动。"① 实现农业农村现代化，有利于保障粮食等重要农产品供给安全，以国内稳产保供的确定性应对外部环境的不确定性；有利于激活几亿农民同步迈向现代化的巨量消费、投资需求，通过畅通城乡经济循环增强国内大循环内生动力和可靠性，加快形成新发展格局，有力有效应对世界百年未有之大变局。

从目标视角来看，实现中华民族伟大复兴，就是要实现中国强、中国美、中国富，而全面推进乡村振兴就是要实现农业强、农村美、农民富，前者是后者的引领和带动，后者是前者的重要组成部分、具体呈现和重要标志。没有前者，后者无以依附和告竣；没有后者，前者无以固根和致远。从过程视角来看，实现中华民族伟大复兴，最艰巨最繁重的任务依然在农村，最广泛最深厚的基础依然在农村，最大的潜力和后劲也在农村，要想日益趋近中华民族伟大复兴的最终目标，

---

① 习近平：《论"三农"工作》，中央文献出版社 2022 年版，第 4 页。

就必须持续扎实做好"三农"工作,全面推进乡村振兴,破除"三农"短板,深挖"三农"潜力、活力和动力,以乡村振兴助推民族复兴。从国际视角来看,诸多国家的发展历程表明,要实现国家现代化,就必须实现农业农村现代化。否则,国家现代化就是不完整、不稳固的,国家进一步发展也会因缺乏坚实基础和持久支撑而蜗行牛步、步履维艰。

第二章

推进乡村振兴上全面发力的理论遵循

农业、农村、农民问题是人类社会发展的基本问题，马克思、恩格斯、列宁、斯大林等在不同时期对"三农"问题发表的重要论述是马克思主义理论体系不可或缺的重要内容，也是中国共产党"三农"理论得以形成的理论源泉。新中国成立以来，党和国家大力推进"三农"事业发展的历史正是一部马克思主义"三农"理论中国化的历史。中国共产党人始终坚持将马克思主义"三农"理论与中国"三农"具体实际相结合，并取得了系列丰硕成果。实践表明，马克思主义"三农"理论为解决好我国"三农"问题提供了根本理论遵循，是被反复证明了的科学理论。

第一节　马克思、恩格斯农村发展思想

在工业革命进程中，资本主义工业化和城市化带来乡村发展的嬗变，城乡关系异化，马克思、恩格斯在批判继承法国重农主义和空想社会主义城乡关系理论的基础上，逐步形成了农村发展思想。马克思、恩格斯基于唯物史观考察了资本主义条件下乡村发展的变化、乡村发展的动力机制与共产主义社会条件下乡村发展的探索路径，关于农业

剩余劳动力转移、农业现代化转型、农民的经济利益与民主权益、农民教育、社会建设、土地与产权、城乡融合等一系列的论述与思想成果对我国乡村建设实践具有重要指导意义。

一、资本主义条件下乡村发展的嬗变

马克思和恩格斯始终注重对乡村发展的历史形态问题的考察，将乡村社会分为原始社会乡村、奴隶社会乡村、封建社会乡村、资本主义社会乡村及未来消除城乡对立的共产主义乡村，揭示了不同时代乡村社会的基本轮廓，其中着重阐述了资本主义条件下乡村发展的嬗变。马克思、恩格斯看到了大工业时代小农消亡的必然性，深入批判了古典经济学家的"小农经济稳固论"。资本主义生产方式破坏了农业旧有条件，以家庭为单位的自给自足的农业向大农场资本主义经营方式逐渐过渡，越来越按工厂方式进行经营，沦为资本主义经营的劳动部门，以资本主义生产方式为基础的农业制度已经形成。而农业的发展以农业劳动者的土地被剥夺，以及农业劳动者从属于一个为利润而经营农业的资本家为前提。在资本主义条件下，农民（包括自耕农、小农和佃农）受到空前压迫，逐渐转变为具有产业性质的农业工人或产业工人。进一步地，社会分工的发展造成了城乡的对立，首先引起工商业劳动同农业劳动的分离，从而也引起城乡的分离和城乡利益的对立，使城市最终战胜了农村。

二、共产主义社会乡村发展的基本路径

乡村社会是共产主义社会的重要部分，因此，乡村发展的动力机制与社会发展的动力机制别无二致，均源于生产力的发展、生产关系的变革和社会分工的发展。共产主义社会乡村发展的路径亦在动力机制的助推之下不断延伸、拓宽。第一，从社会生产力发展来看，把生

产发展到能够满足所有人的需要的规模，重视科学技术的发展对农业农村的贡献。马克思和恩格斯预言了现代蒸汽机及大型机器将大规模地、像在工业中一样彻底地应用于农业，提出科学技术的广泛应用必将成为消除城乡对立的最强有力的杠杆。第二，从生产关系的调整与变革来看，推进乡村集体所有制，废除乡村的私有制。马克思深刻批判了英国 18 世纪的小自耕农土地所有制形式，指出："农业在目前由于私有制的压迫和土地的小块化而难以利用现有改良成果和科学成就，而在将来也同样会进入崭新的繁荣时期，并将给社会提供足够的产品。"① 恩格斯十分推崇大规模农业经营的优越性，提出应当"在协作和对土地及靠劳动本身生产的生产资料的共同占有的基础上，重新建立个人所有制"②，让联合的劳动者来经营大规模的农业，以适应现代工具、机器的广泛应用。第三，从社会分工来看，消除城乡对立，实现城乡平等。马克思、恩格斯揭露了资本主义条件下城乡对立的后果后，提出了消除城乡对立、实现城乡平等发展等思想。针对城乡对立会引发各种社会问题和矛盾，马克思、恩格斯在《德意志意识形态》中指出，消灭城乡之间的对立，是共同体的首要条件之一，要把农业和工业结合起来，促使城乡对立逐步消灭。

第二节　列宁关于农村建设的理论

列宁继承了马克思、恩格斯关于未来社会发展的理论，并在革命实践层面对其进行了"苏俄化"改造。在领导布尔什维克党成功执政后，为巩固苏俄的无产阶级政权，消除穷乡僻壤那种落后、愚昧、粗

---

① 《马克思恩格斯文集》第一卷，人民出版社 2009 年版，第 688 页。
② 《马克思恩格斯文集》第五卷，人民出版社 2009 年版，第 874 页。

野、贫困、疾病丛生的状态，列宁对马克思主义的立场、观点和方法进行了理论深化和实践尝试，探索出符合俄国国情的农村发展道路。

一、经济建设：改造小农经济，提升农业经营水平

列宁基于当时苏维埃政权所面临的国内外形势及农村现实状况，认识到提高农业经营水平的重要性，提出农业是俄国国民经济的基础、粮食问题是一切问题的基础等重要思想，并实施了许多措施，主要包括以下4个方面：一是制定符合农民利益的土地政策。在1921年的新经济政策实施以前，俄国的土地政策经历了十月革命胜利初期废除土地私有制并实行农民平均分配阶段、国内战争时期的土地共耕政策阶段，相比这两个阶段，新经济政策时期实施的制定的土地国有化、农民自由选择的土地政策温和且务实。二是推进农业生产组织化、合作化。列宁认为，当时俄国的个体小农绝对占比大，不宜采取激进的措施，武断地推广社会主义大农业，而是应采取"渐进的方法"，逐步进行社会主义改造和过渡。基于此，列宁倡导建立多种形式的农业生产组织，例如国营农场、农业公社、共耕社和协作社等，通过合作制将广大农民组织起来，"把小经济发展起来，并使小经济比较容易在相当期间内，在自愿联合的基础上过渡到大生产"①。三是农业优先应用新技术和新机械，农村优先建立小型电站。列宁认为农业生产方式落后是首先应当解决的问题，并提出科学技术"首先应该用来改造最接近于全民性的，占用人数最多的又最落后的生产——农业生产"②。四是正确处理好工业和农业之间的关系，重建工农联盟。当时的苏俄受战争和饥荒的影响，工农关系僵化，为巩固、强大工农联盟，列宁提出，加强商品流转在工农业关系中的纽带作用，"只能在工人国家的领导和监督下

---

① 《列宁选集》第四卷，人民出版社2012年版，第508页。
② 《列宁全集》第三十五卷，人民出版社2017年版，第353—354页。

利用商业并逐步发展农业和工业，使其超过现有水平，此外没有任何别的出路"①。

二、政治建设：完善农村政权，夯实农村发展的政治基础

农村政权的建立与巩固关系农村社会主义改造路线、方针与政策在农村基层的落实，是农村工作的基础。列宁考察了苏俄农村的现实情况，提出关于完善农村基层政权建设的措施如下：第一，重视地方政权的作用发挥。从俄国革命的实践中可以得出，革命的成功，很大程度上得益于对地方政权与地方经验的重视。因此，应当给予地方必要的权限，充分发挥地方政府的首创精神。对于如何处理地方与中央的关系，列宁主张充分调动地方能动性的同时，也要加强中央对地方的领导与监督。第二，保障农民正当民主权利，提高农民政治地位。劳动群众的最广泛的支持是保证苏维埃政权稳定与发展的堡垒。为充分体现苏维埃政权的人民性，列宁主张要充分保障选举权、监督权、罢免权、集会自由权、出版自由权和申诉权等民主权利。同时，鼓励农民积极参与国家事务管理，并提出可以从农民中选出新的中央监察委员，且他们也应享有中央委员的一切权利。第三，建立农民代表苏维埃作为无产阶级国家在农村的基层政权组织，要求由广大农民掌握地方政权并监督农村苏维埃机关的工作。苏俄农村经济、政治形势不断变化，政权组织形式的主要任务也随之适时调整，从贫苦农民委员会到正式的农村苏维埃组织，其主要任务由阶级斗争转变为制定和贯彻相应的农村政策。列宁认为，农村苏维埃政权"应当保证劳动农民的代表在这些机关里占多数，并且要保证贫苦农民代表能起决定作

---

① 《列宁全集》第四十二卷，人民出版社 2017 年版，第 346 页。

用"①。具有俄国特色的苏维埃政权体制成为无产阶级专政在农村的坚强支柱。

三、文化建设：开展文化革命，提高农民文化素质

在进行苏俄农村的社会主义改造过程中，列宁深刻地认识到农民阶级小农意识和农村文化的落后性、局限性对农村社会主义建设的制约，并形成了"文化革命"观，倡导必须在农村开展一场文化革命。文化革命是社会主义经济建设快速发展的保障，其经济性目的就在于促进合作化的实现，即"完全合作化这一条件本身就包含有农民（正是人数众多的农民）的文化水平的问题，就是说，没有一场文化革命，要完全合作化是不可能的"②。在这一理论认知的基础上，列宁晚年把工作重心"转到和平的'文化'组织工作上去了"，具体体现为：一方面，加大农村教育的投入，采取各种措施满足农民的实际文化需求。"没有国家政权机关，没有物质和财政上的帮助，就不可能把教育工作开展起来。"③ 因此，列宁主张成立专门负责教育的国家机关，增加农村教育经费投资。此外，列宁还提出了提高农民文化素质的具体措施，如调动农村教师队伍教书育人的积极性、丰富教育农民的载体、保障农民享受职业技术教育的权利等。另一方面，坚持无产阶级政党在农村思想政治工作中的领导地位，强化共产主义思想的宣传和传播。坚持无产阶级政党的领导权，保证无产阶级能有效发挥领导农民、组织农民的功能，"把每一个农村中自食其力而不靠剥削为生的人团结起来"④，"要在贫苦农民中间传播共产主义，他们大多数都会

---

① 《列宁全集》第三十七卷，人民出版社 2017 年版，第 334 页。
② 《列宁选集》第四卷，人民出版社 2012 年版，第 773 页。
③ 《列宁全集》第三十八卷，人民出版社 2017 年版，第 182 页。
④ 《列宁全集》第三十三卷，人民出版社 1985 年版，第 330 页。

站到我们这边来"① ……列宁的观点成为苏俄开展农村文化建设的重要理论基础。

四、社会建设：实施农村保障，建立稳定的社会秩序

在对于农村社会发展的思想认识中，列宁继承了马克思、恩格斯"人的自由全面发展"的价值取向，开创性地提出农村社会保障的观点，"以保证社会全体成员的充分福利和自由的全面发展"②，从而促使苏俄农村尽快走上社会主义发展道路。十月革命后，列宁颁布了一系列法令推动社会保障制度化，如《关于俄罗斯共和国建立保险事业》《失业保险和疾病保险细则》《劳动法典》《劳动人民社会保障条例》等，为包括农民在内的劳动者提供了法律依托。关于对农村弱势群体施行社会救济保障措施，列宁提出，对于因年老、残疾而无法耕作土地，丧失土地使用权时，可向国家领取一定的赡养费，以维护基本生活权利。

第三节　党的"三农"工作理论

中国共产党继承和发扬了马克思主义农村建设思想的理论指导，结合中国历史传统和乡村实际，不断创新"三农"工作理论，从新民主主义革命到新中国成立，从改革开放再到党的十八大，一路积累了丰富的实践经验，走出了一条具有中国特色的乡村发展道路。

一、坚持农民的主体地位

"人民立场"是马克思主义政党区别于其他政党的显著标志。"在

---

① 《列宁全集》第三十五卷，人民出版社 2017 年版，第 32 页。
② 《列宁全集》第六卷，人民出版社 2013 年版，第 193 页。

无产阶级和资产阶级的斗争所经历的各个发展阶段上，共产党人始终代表整个运动的利益。"① 马克思主义无产阶级政党要在相对落后的国家推行共产主义，就必然要先争取群众的支持，坚决开展农民运动，与农民建立密切联系。中国共产党继承和发展了马克思主义政党的精神实质，百年来始终坚守人民立场，将以人民为中心的思想贯穿在"三农"工作实践中，始终坚持农民的主体地位。

新中国成立前，以毛泽东同志为代表的党的第一代中央领导集体团结带领广大农民进行新民主主义革命，突破了改良式乡村建设的局限性，让农民翻身解放做主人。毛泽东同志撰写了诸多文章，如《中国社会各阶级的分析》《中国农民各阶级的分析及其反抗运动》《湖南农民运动考察报告》等，深刻阐明了农民在革命运动中的重要性，提出"农民问题乃国民革命的中心问题"，要从"人的解放"的革命任务和目标的高度来认识农民问题。要夺取革命胜利，农民是无产阶级最可靠的同盟军。1924 年，党的四大通过《对于农民运动之决议案》，其表明，农民作为中国社会的主要成分，中国革命成功及在民族运动中取得领导地位，都必须动员最广大的农民群众参与其中。中华人民共和国建立了人民民主专政的新政权，实现了先进的无产阶级政党与最为传统的中国农民的结合。

新中国成立后，各项农村政策都以调动农民积极性为出发点，同时农民群体也是"中国奇迹"功不可没的创造主体。尤其是在农村基本经营制度的变迁上，旨在通过生产关系的调整进而促进农村生产发展。从党领导开展满足农民土地要求的革命；到土地的"一大二公"；到改革开放之后，全国范围推行家庭联产承包责任制，最终建立起"家庭承包经营为基础、统分结合的双层经营体制"；再到党的十八大以来，又增加了土地"三权分置"、完善集体产权权能与发展新型集体

---

① 《马克思恩格斯选集》第一卷，人民出版社 2012 年版，第 413 页。

经济等适应性内容。一系列的战略调整最终使农户家庭经营的活力被激发出来，农民的生产积极性得以提高。同时，借助严格的户籍制度和统购统销制度，农民对国家工业化和城市化建设作出了巨大的要素贡献。改革开放后，广大农村劳动力积极向乡村非农产业转移，创办乡镇企业，部分农村剩余劳动力向城市转移，助力城市经济建设。农民群体的创造力不容忽视，"要坚持不懈推进农村改革和制度创新，充分发挥亿万农民主体作用和首创精神，不断解放和发展农村社会生产力，激发农村发展活力"[①]。

二、巩固农业的基础地位

"农为邦本，本固邦宁。"农业是立国之本，"三农"工作一直是全党工作的重中之重。战争时代，党就将农业作为关系全局的头等大事，在根据地内发动军队屯田，紧抓农业生产，以保障军粮供应。新中国成立以后，面对粮食安全的巨大挑战，党和国家最重要的工作之一就是让老百姓吃饱饭。党将实现农业现代化作为农业进步的重要途径，中国农业在提质增效的基础上持续推进现代化。1962年，党的八届十中全会确立了农业问题的基本路线，即"第一步实现农业集体化，第二步在农业集体化基础上实现农业机械化和电气化"，并提出"特别要注意对农业科学技术研究"。党的十八大以来，以习近平同志为核心的党中央把粮食安全作为治国理政的头等大事，指出"只要粮食不出大问题，中国的事就稳得住"[②]，提出了"确保谷物基本自给、口粮绝对安全"的新粮食安全观，确保中国人的饭碗任何时候都要牢牢端在自己手上。

---

① 习近平：《论"三农"工作》，中央文献出版社2022年版，第157—158页。
② 同上书，第71页。

三、探索农村发展的道路

乡村建设的本质是从乡村切入的中国整体的社会建设和革命。[①] 新中国成立以来的乡村建设史，也是一部中国整体变革的探索奋斗史。中国共产党的乡村建设历经百年变迁，党中央从宏观层面制定了"领导农民翻身解放—农业集体化—解放生产力—解决温饱—精准扶贫—乡村振兴"的农村发展目标规划和发展路线。[②] 在"乡村振兴"提出之前，历经了"乡村改造""乡村建设""乡村改革" 3 个阶段，在党的统筹规划和强力推进下，形成了具有中国特色的乡村发展实践模式。在新民主主义革命时期，面对陈旧不堪的统治与剥削体系，固守成规的"改良"路线依然行不通，中国共产党转而采取革命的手段，依靠坚实的群众基础，在农村革命根据地推行"耕者有其田"，实行减租减息，进行土地革命，满足了广大贫苦农民的土地与生存需求，实现了"乡村改造"。如毛泽东同志所指出的，"在二十二年的革命战争中，我党已经有了在土地改革之后，领导农民，组织带有社会主义萌芽的农业生产互助团体的经验"[③]。在社会主义革命和建设时期，我们党把农村建设放在社会主义建设的重要位置，解决农民温饱问题是这一时期的主要任务。为加快实现农业现代化，中国共产党领导广大人民群众开展了以土地为核心生产资料、以农业合作化为基本手段的社会主义改造。与此同时，积极改善农村的基础设施，整修水利、防治病虫害、发展供销和信用合作等事业。在改革开放和社会主义现代化建设新时期，我们党着重解决"三农"问题，以缩小城乡差距为目标将农村改

---

① 唐任伍、唐堂、李楚翘：《中国共产党成立 100 年来乡村发展的演进进程、理论逻辑与实践价值》，《改革》2021 年第 6 期。

② 李重、毛丽霞：《中国共产党领导乡村发展的百年探索和基本经验》，《西安交通大学学报》（社会科学版）2021 年第 4 期。

③ 《毛泽东文集》第六卷，人民出版社 1999 年版，第 420 页。

革作为突破口。1979 年，党的十一届四中全会通过《关于加快农业发展若干问题的决定》，在经济和政治方面均作出重要部署，强调必须在经济上充分关心农民的物质利益，在政治上切实保障农民的民主权利。具体而言，在农村经济发展上，扶持农民经营家庭副业，鼓励发展乡镇企业；在工农城乡差距的矛盾缓解上，将小城镇作为改变全国农村面貌的前进基地，大力发展小城镇现代工业交通业、商业服务业、教育科学文化卫生事业等。中央连续多年出台的一号文件对农业经济发展、乡村建设、基层治理等提出一系列重要指导。在基层民主治理上，1982 年宪法明确规定村民委员会是农村基层群众性自治组织，随后《关于实行政社分开、建立乡政府的通知》《中华人民共和国村民委员会组织法》颁布，农村自我管理、自我教育、自我服务的村民自治框架逐步形成。新时期乡村建设中，2005 年提出"社会主义新农村建设"，围绕"生产发展、生活宽裕、乡风文明、村容整洁、管理民主"5 个方面推进城乡统筹发展。在社会主义新农村建设举措的不断优化更新之下，农村生产力不断攀升，农民收入逐步提高，农村自治制度、法制、公共文化建设等均有了显著成效，农村教育体系、社会保障制度、医疗卫生体系得以建立和完善，我国乡村发展进入一个新的阶段。

第四节　习近平总书记关于乡村振兴的重要论述

党的十八大以来，以习近平同志为核心的党中央坚持将解决好"三农"问题作为全党工作的重中之重，围绕乡村振兴的一系列问题进行探索和思考。

一、乡村振兴战略的提出

"民族要复兴,乡村必振兴。"乡村振兴战略在党的十九大报告中首次提出,并写入党章。首先,"坚持农业农村优先发展"是乡村振兴的总方针。把农业农村优先发展的要求落到实处,要在干部配备上优先考虑,在要素配置上优先满足,在资金投入上优先保障,在公共服务上优先安排。其次,"实现农业农村现代化"是乡村振兴的目标定位,是对"全面建设社会主义现代化强国"宏伟目标的照应。再次,乡村振兴的总要求为"产业兴旺、生态宜居、乡风文明、治理有效、生活富裕",其中"产业兴旺"是解决农村一切问题的前提,"生态宜居"是乡村振兴的内在要求,"乡风文明"是乡村振兴的紧迫任务,"治理有效"是乡村振兴的重要保障,"生活富裕"是乡村振兴的主要目的。最后,乡村振兴战略的目标任务为"2020年取得重要进展—2035年取得决定性进展—2050年乡村要全面振兴"的"三步走"基本策略,三个阶段的目标和任务既互为条件又相互衔接,保证了乡村振兴战略的现实操作性。

二、乡村振兴的基本内涵

(一)乡村产业振兴

乡村振兴,关键是产业要振兴。习近平总书记涉及产业振兴的论述如下:一是确保国家粮食安全,把中国人的饭碗牢牢端在自己手中。一方面,要藏粮于地,坚守18亿亩耕地红线,全面落实土地用途管制制度和永久基本农田特殊保护制度;另一方面,要藏粮于技,以提升粮食产能为目标不断增加科技资金与人才的投入。二是促进小农户和现代农业有机衔接。针对我国"大国小农"的国情,家庭经营具有其存在的合理性和必然性,因此,发展多种形式的适度规模经营,走小农户衔接现代农业的发展道路是应有之义。促进小农户和现代农业的有机衔接，要求巩固和完善农村基本经营制度，推动土地流转，培育新型农业经营主体，健全农业社会化服务体系。三是促进农业生产组织化，打造集研发、种植、加工、营销、文化、生态于一体的农业全产业链，推动一二三产业融合发展，促进农民增收致富。

（二）乡村人才振兴

实施乡村振兴战略，人才是关键。人才作为乡村振兴的战略性资源，应当把人力资本开发放在首要位置，强化乡村振兴的人才支撑。一是选好配强带头人，建设"一懂两爱"的"三农"工作队伍。党的十九大报告提出，要"培养造就一支懂农业、爱农村、爱农民的'三农'工作队伍"，明确了"三农"工作队伍的时代要求。二是积极培养新型职业农民、乡土文化人才等本土人才。一方面，就地培养更多爱农业、懂技术、善经营的新型职业农民，实现农民"身份"向农民"职业"的转变；另一方面，发挥农民的主体作用，培育挖掘"土专家""田秀才"等乡土人才。三是吸引优秀人才返乡入乡。2018年，习近平总书记在十九届中央政治局第八次集体学习时指出，要通过创新乡村人才工作体制机制，"把更多城市人才引向乡村创新创业"。

（三）乡村文化振兴

文化振兴是乡村振兴的铸魂工程。2017年12月，习近平总书记在江苏省徐州市调研时指出："实施乡村振兴战略，不能光看农民口袋里的票子有多少，更要看农民的精神风貌怎么样。"首先，推动乡村文化振兴必须以社会主义核心价值观为引领，加强农村居民思想道德建设。其次，要传承、发展并提升农耕文明，深入挖掘优秀传统农耕文化蕴含的思想理念、人文精神、道德规范，为乡村振兴培根铸魂。最后，要提升农村公共文化优质产品和服务数量和质量的供给。

(四) 乡村生态振兴

生态振兴是乡村振兴的重要支撑。良好生态环境是最公平的公共产品，是最普惠的民生福祉，应当发挥农村生态资源丰富的优势，吸引资本、技术、人才等要素向乡村流动，让良好生态成为乡村振兴的支撑点。针对农村生态环境恶化、人居环境问题凸显等问题，习近平总书记指出，"要压实县级主体责任，从农村实际出发，重点做好垃圾污水处理、厕所革命、村容村貌提升"①，指明了农村人居环境整治行动的任务重点。

(五) 乡村组织振兴

组织是落实乡村振兴战略的重要抓手。实现乡村组织振兴，基层党组织必须坚强，党员队伍必须过硬。推动乡村组织振兴，同样要发挥基层群众自治制度这一基本政治制度的作用。党的十九大报告提出，要"加强农村基层基础工作，健全自治、法治、德治相结合的乡村治理体系"。要创新乡村治理体系，发挥基层党组织领导下的各类群众性自治组织功能，将城镇化背景下逐渐走向"原子化"的农民组织起来，构建共建、共治、共享的乡村治理格局，走乡村善治之路，实现"以农民为中心"的乡村振兴。

三、深刻理解乡村振兴的科学内涵

学界对乡村振兴战略实施现状、内在逻辑以及实施路径研究已有初步进展。全面推进乡村振兴是实现高质量发展和中国式现代化的关

---

① 《习近平关于"三农"工作论述摘编》，中央文献出版社2019年版，第117页。

键环节，也是走向共同富裕的重要路径，更是深入理解和把握中国式现代化内在规定不可或缺的逻辑向度。在新发展阶段，全面推进乡村振兴必然要全面发力才能系统化破解城乡二元结构和"三农"问题。从我国农业农村发展实际来看，精准扶贫方略的成功为实施乡村振兴战略积累了丰富经验，经济快速发展为实施乡村振兴战略积累了物质基础，不断完善的乡村人才培养和引进政策机制为乡村全面振兴积累了人才资源，党的领导是推进乡村振兴上全面发力的政治保障，乡村产业、人才、生态、文化和组织振兴看似相互独立，各有属性与目标，实则互相交织、依托与促进。毋庸置疑，参考马克思主义主体性理论，未来的乡村振兴必然是多方主体共同发力，主体自觉还能创造乡村振兴氛围和集聚振兴智慧。当然，全面推进乡村振兴在地域、领域及层次上具有广泛性，全面实现农业强、农村美、农民富是一个系统性、立体性和长期性的重大变革。

从已有研究梳理来看，学界对全面发力推进乡村振兴鲜有论述，但也为本课题研究提供了丰富的理论支撑。基于此，本书以全面发力推进乡村振兴为出发点，致力于解决在推进乡村振兴上"为何全面发力""谁来发力""如何全面""如何发力"几个关键问题，针对产业发展、乡村建设、乡村治理等方面内容，挖掘并形成地方经验探索、政策思考。

第三章

推进乡村振兴上全面发力的价值内涵

党的十九大报告首次提出实施乡村振兴战略,党的二十大报告明确提出全面推进乡村振兴。2023年7月,习近平总书记在四川考察时强调,在推进乡村振兴上全面发力,精准把脉四川"三农"工作,为四川奋力推进农业农村现代化、建设农业强省提供了根本遵循和科学指引。从"实施"到"全面",意味着党中央对乡村振兴发展内涵、规律、目标的认识不断深化和拓展。全面推进乡村振兴是构建新型城乡关系的战略部署,是保障国家粮食安全的现实要求,是全体人民共同富裕的内在需要,是实现中国式现代化的重要内容。推进乡村振兴上全面发力,既要求从战略上看待乡村振兴的价值意义,又要求从整体上统筹乡村振兴的主体、内容、范围和实现的目标等。

第一节　准确理解推进乡村振兴上全面发力的使命担当

农业是经济社会发展的基础,建设农业强国关乎经济高质量发展,关乎人民生活品质的提升。习近平总书记指出,"我们要建设的农业强国、实现的农业现代化,既有国外一般现代化农业强国的共同特征,更有基于自己国情的中国特色"①。建设农业强国必须立足我国人多地少的基本国情，传承农耕文明的历史底蕴，实现人与自然和谐共生。四川是人口大省、农业大省，全省常住人口总量居全国第五位，占全国人口比重5.93％，② 是全国13个粮食主产省区之一，在国家发展战略中占据重要位置。四川现代化建设是中国式现代化四川的生动实践，要进一步促进农村农民增收致富，推进乡村全面振兴，必须统筹好以下关系。

第一，经济发展与耕地保护的关系。四川人地关系紧张，人均耕地仅为1.1亩，比全国平均水平低约0.3亩。③ 受丘陵地形影响，四川土地分散、田块碎片，生产效益偏低。加之种地成本高、收益小，比较效益低，导致部分农民放弃耕地，选择外出务工，农村劳动力的缺乏导致土地被撂荒、闲置。与此同时，城镇化、工业化的发展，占用了大量耕地，造成土地利用结构发生变化，耕地的污染程度也在增加。

第二，农业产业体系与经营主体的关系。四川省现代农业"10＋3"产业体系日益完善，川粮油、川猪、川茶、川菜、川酒、川竹、川果、川药、川牛羊、川鱼10大优势特色产业和现代农业种业、现代农业装备、现代农业烘干冷链物流3大先导性产业不断推进。但经营主体发展不均衡，自我发展后劲不足；产品附加值还比较低，未能形成品牌效应；产业链条还不完整，难以形成产业发展的规模效应。

第三，人口空间分布与公共服务资源配置的关系。四川农村人口多，2022年，全省常住人口城镇化率为58.35％，全国常住人口城镇化率为65.22％，四川省城镇化率低于全国6.87个百分点。相较于城

---

① 习近平：《加快建设农业强国 推进农业农村现代化》，《求是》2023年第6期。

② 《8367.5万人 四川常住人口总量全国第五》，四川省人民政府网站，https：//www.sc.gov.cn/10462/c106900/2021/5/26/7832c949458c430da2f8ded546003a5f.shtml。

③ 《省委"一号文件"发布！这里看权威解读｜新闻发布会》，四川发布，https：//baijiahao.baidu.com/s?id=1695115904964022022&wfr=spider&for=pc。

市，农村基础设施便利度不高，基本公共服务可及性不足。面对人民需求从"有没有"到"好不好"的转变，农村基本公共服务仍存在诸多短板。以人口老龄化为例，第七次全国人口普查数据显示，四川省常住人口中农村65岁及以上老人占到21.7%，而全国65岁及以上老人的比重为17.72%。①农村面对更大的养老服务需求，但养老服务资源配置滞后于城市养老服务。

第四，城乡融合与城乡要素流动的关系。新时代十年，农村居民收入不断增加。四川省农村居民可支配收入占城镇居民可支配收入比重不断上升，但是城乡居民可支配收入绝对差距不断扩大。在城镇化进程中，由于城乡要素流动障碍，农民工的社会保障问题、农民工子女的教育问题依然亟待完善，新市民的公共服务权益还需保障。

表3-1　四川省城乡居民可支配收入情况

年份	城镇居民可支配收入/元	农村居民可支配收入/元	农村居民可支配收入/城镇居民可支配收入	城镇居民与农村居民可支配收入之差/元
2012	20307	7001.4	0.34	13305.6
2013	22368	7895	0.35	14473
2014	24381	8803	0.36	15578
2015	26205	10247	0.39	15958
2016	28335	11203	0.40	17132
2017	30727	12227	0.40	18500
2018	33216	13331	0.40	19885
2019	36154	14670	0.41	21484
2020	38253	15929	0.42	22324
2021	41444	17575	0.42	23869
2022	43233	18672	0.43	24561

数据来源：2012—2022年四川省国民经济和社会发展统计公报。

① 《四川省村（居）常住人口分布概况》，四川省统计局网站，http://tjj. sc. gov. cn/scstjj/c105846/2021/11/26/7b3a591b0f6f451f8ddb3481dbaddfb4. shtml。

第二节　准确把握全面推进乡村振兴的方向任务

党的十九大提出了"产业兴旺、生态宜居、乡风文明、治理有效、生活富裕"的总要求。党的二十大又进一步提出"建设宜居宜业和美乡村"。全面推进乡村振兴，要全面夯实粮食安全根基，切实保障粮食和重要农产品稳定安全供给；推动乡村产业融合集群发展，建设盘活各种资源的活力乡村；巩固拓展脱贫攻坚成果，推动农民共同富裕；建设宜居宜业和美乡村，补齐农村公共服务短板。

一、全方位夯实粮食安全根基

2017年3月，习近平总书记在参加十二届全国人大五次会议四川代表团审议时强调，"四川农业大省这块金字招牌不能丢，要带头做好农业供给侧结构性改革这篇大文章，推进由农业大省向农业强省跨越"。2018年2月，习近平总书记在四川考察时指出，"要把发展现代农业作为实施乡村振兴战略的重中之重，把生活富裕作为实施乡村振兴战略的中心任务，扎扎实实把乡村振兴战略实施好"。2022年6月，习近平总书记在四川永丰村考察时强调，"在新时代打造更高水平的'天府粮仓'"。可见，习近平总书记对四川农业工作的高度重视。2023年，全国粮食总产量13908.2亿斤，四川全省粮食总产量718.8亿斤，四川粮食生产为保障国家粮食安全作出重要贡献。① 全方位夯实粮食安全根基，要解决好"不愿种""谁来种""种什么""用什么来种"等难题。针对"不愿种""谁来种"问题，关键是要让种粮农民有钱可挣，

---

① 《今年四川粮食总产量718.8亿斤，比上年增长16.7亿斤　再创历史新高》，农业农村部网站，https://www.moa.gov.cn/xw/qg/202312/t20231213_6442754.htm。

通过完善惠农政策、加大政策补贴，支持银行、保险公司为农民购买农业保险等方式，从而稳定农民预期，调动农民种粮积极性。针对"种什么"，要树立大食物观，结合人民需求结构、地区自然条件，推广粮经复合种植模式，实现收益提升。针对"用什么来种"问题，要加强高标准农田建设，推进机械化耕作，并且通过土地流转，实现土地规模种植、稳产增产。

二、推动乡村产业融合集群发展

党中央高度重视乡村产业融合发展，中央一号文件多次强调促进一二三产业融合。促进一二三产业融合发展对于推进农业现代化、保障农民稳定增收、促进城乡融合具有重要意义。一是拓展乡村多种功能。依托特色资源，增强川粮油、川猪、川茶、川菜、川酒等特色产业的品牌价值。同时四川作为资源大省，旅游资源、文化资源丰富，依托农村的山水林田湖草，利用各地独特的民族文化、节庆活动，实现农文体旅融合发展。二是延伸产业链。通过完善乡村烘干冷链物流设施设备，实现农产品与市场的衔接，形成生产、加工、流通完整的产业链，促进农业与加工业、服务业的融合发展。以四川成都试验区金堂县为例。[①] 金堂县通过盘活集体建设用地和闲置宅基地，开展土地综合整治，推动集体经济组织与社会资本合作，打造成都（金堂）农产品精深加工园区，推动农村一二三产业融合发展。通过建设农产品精深加工园区，把价值链收益留给农民；发挥园区驱动作用，推进三产交叉融合；增强园区带动能力，促进人才返乡入乡。三是培育多元经营主体。完善产业融合的经营体系，促进农民、家庭农场主、合作社、企业等主体发展产业融合项目，完善多元主体的协作分工机制、利益联结机制和收益分配机制。

---

① 参见《县域内城乡产业融合发展模式实践探索》，农业农村部网站，http：//www.zcggs.moa.gov.cn/zcyggw/202112/t20211223_6385387.htm。

三、巩固脱贫攻坚成果

习近平总书记指出："脱贫摘帽不是终点，而是新生活、新奋斗的起点。接下来要做好乡村振兴这篇大文章，推动乡村产业、人才、文化、生态、组织等全面振兴。"[①] 脱贫攻坚取得胜利，为全面推进乡村振兴提供了物质基础、人才支撑、组织保障等。全面推进乡村振兴是巩固脱贫成果，持续提高农民生活水平，促进农民共同富裕的战略支撑。促进脱贫攻坚与乡村振兴有效衔接，关键在于激发农民的内生动力，着力推进"输血"政策逐渐转变为"造血"政策，增强脱贫地区和脱贫群众的自我发展能力。促进城乡要素双向流动，通过多种渠道增加农民收入，对就业群体，要加强对其的劳动技能培训，提升农民就业竞争力，增加农民就业机会；对创业群体，通过多种形式的支持与培训，帮助其降低生产经营成本；对种植群体，要通过经济支持、政策支持、土地支持，帮助其稳定收入预期，增强种植积极性。此外，还要完善农村地区公共服务，减少农民的医疗、教育支出。

四、建设宜居宜业和美乡村

改革开放以来，农民生活水平提高，居住环境得到改善，农业发展取得进步。但同时也要清醒地看到农村依然存在诸多短板和不足。在公共服务方面，农村基本公共服务项目还不健全，有些服务范围还有待拓展，民生保障水平还比较低。以养老保障为例，《中国老年社会追踪调查》研究报告显示，相较于城市大部分老年人的生活来源靠养老金，农村老年人晚年的生活来源则更多靠子女资助或者是自己劳动所得，非农业户口领取养老金比例明显高于农业户口，农村养老院、日间照料中心及老年活动设施数量也明显少于城市地区。与此同时，

---

① 习近平：《论"三农"工作》，中央文献出版社 2022 年版，第 288 页。

农村老年人在业比例明显高于城市，其中一部分原因就在于农村老年人的经济保障不足。农村就业机会少，部分农民增收困难，人口的城乡流动，导致了留守老人、留守妇女、留守儿童等问题。在居住环境方面，在人多地少的情况下，为了提高土地收益，增加家庭经济收入，大量使用化肥和农药；加之农村地区垃圾分类的设施不完善，垃圾分类的普及不足，农民垃圾分类的知晓率和意识不足，导致部分农村地区土地污染和水体污染严重。

正是在这种背景下，党的十九大从战略和全局高度提出了乡村振兴战略，并将"产业兴旺、生态宜居、乡风文明、治理有效、生活富裕"作为总要求，农业农村农民工作进入新节点。党的二十大报告提出"建设宜居宜业和美乡村"，要求提升乡村公共服务水平，完善基础设施，改善农民人居环境；要求完善乡村产业体系建设，为农民创业就业提供更多机会；要求有效处理好农村人与人、人与社会、人与自然的关系，彰显了党对乡村地位和作用的认识不断深化，彰显了党对农村的重视、对农民的关怀。习近平总书记指出："中国要强，农业必须强；中国要美，农村必须美；中国要富，农民必须富。农业基础稳固，农村和谐稳定，农民安居乐业，整个大局就有保障，各项工作都会比较主动。"[1] 在全面推进新征程上，必须充分发挥乡村的农产品供给功能、经济保障功能、绿色宜居功能、促进新型城镇化功能，推进平安乡村建设，保持农村安定祥和的社会环境。

第三节　全面推进乡村振兴是多维发力的系统工程

党的二十大报告指出，加快建设农业强国，扎实推动乡村产业、

---

① 习近平：《论"三农"工作》，中央文献出版社 2022 年版，第198页。

人才、文化、生态、组织振兴。旨在推动农村经济、政治、文化、社会、生态文明等各领域的发展。推进乡村振兴上全面发力，强调推动产业、人才、文化、生态、组织的协调发展，5个方面同时发力，形成相辅相成、相得益彰的良性互促关系。

一、产业振兴是乡村振兴全面发力的"动力源"

产业振兴是乡村振兴的重中之重。习近平总书记强调："产业兴旺，是解决农村一切问题的前提。"[①] 产业的发展，是实现农民增收、巩固脱贫攻坚成果的关键举措。没有产业的发展，农民难以实现持续长效的增收，乡村建设也缺乏物质基础、内生动力。农业是农村发展的关键，乡村产业振兴离不开农业现代化。《国务院关于促进乡村产业振兴的指导意见》《中华人民共和国乡村振兴促进法》《"十四五"推进农业农村现代化规划》《国家乡村振兴局关于落实党中央国务院2023年全面推进乡村振兴重点工作部署的实施意见》等政策文件都对构建现代乡村产业体系，推动农村产业高质量发展作出了重要要求。

第一，实现"小农户"和现代农业的衔接。2019年，中共中央办公厅、国务院办公厅印发了《关于促进小农户和现代农业发展有机衔接的意见》，要求扶持小农户，提高小农户现代农业发展能力。在我国人多地少的国情下，小农户的家庭经营模式将长期存在。实现"小农户"现代化，是实现农民全面发展，是推进乡村产业兴旺的重要举措。要增强"小农户"现代化的意识，通过宣传教育等手段，让"小农户"愿意去学习现代农业发展生产，让"小农户"在现代化过程中获益，以提高"小农户"的积极性、主动性。要增强"小农户"现代化的能力，为"小农户"提供政策、资金、技术等支持，如给予农民种粮补贴、农机补贴，为农民购买粮食作物安全成本保险，完善农民社会保

---

① 《习近平关于"三农"工作论述摘编》，中央文献出版社2019年版，第22页。

障制度，免除其后顾之忧。还可以通过适当的模式和机制加以落实，如通过"企业＋农户"的模式，在企业与小农户之间构建"利益共享、风险共担"的互利共生关系，通过将大企业和小农户连接起来，以现代企业更强大的风险应对能力和收益获取能力，为小农户与现代农业的衔接提供平台和纽带。[①]

第二，促进农业生产适度规模化。大国小农国情下，农民人均耕地少，种粮农民受益少，极大影响了农民的种粮积极性。我国每个农业经营户的规模也很小，平均仅为 9.8 亩（约 0.65 公顷），不到欧盟农场平均规模（14 公顷）的 5％，不到美国农场平均规模（170 公顷）的 0.4％。[②] 随着承包地"三权分置"制度的逐步完善，为农业生产规模化提供了必要条件。部分农民尤其是外出务工的农民，将土地有偿承包给种粮大户，既使农民获得直接经济收入，也在一定程度上给部分农民创造了就业机会，又使种粮大户能够形成规模经营的家庭农场，提升了农业生产效率。但是农业生产规模化不能操之过急，要与城镇化、乡村振兴战略实施、农业社会化服务体系等相衔接，增强农业生产规模化的稳定性、长期性。

第三，推动乡村产业融合发展。我国幅员辽阔，农村地区的地形差异大，风土人情也各不相同。对于山地丘陵地区，土地较为贫瘠，实现机械化难度高，更多适合于"小农户"生产，种植水果、茶叶等经济作物；对于风景优美、生态环境较好的地区，适宜发展康养旅游业；对于平原地区，可以实现机械化生产，适宜发展农业生产，其中区位优势较好的地区，也适合于发展工业。因此，乡村产业的发展应结合地区自然资源禀赋，不拘泥于某一产业，宜农则农、宜林则林、

---

① 陈军亚：《韧性小农：历史延续与现代转换——中国小农户的生命力及自主责任机制》，《中国社会科学》2019 年第 12 期。

② 柯炳生：《发挥好市场和政府作用　构筑完备食物保障体系》，《农民日报》2021 年 5 月 15 日。

宜牧则牧、宜工则工，打造本地具有特色和竞争力的产业。应突破单一农业发展限制，促进农业发展与工业、旅游业、服务业发展的结合，在智能化的背景下，整合大型农业企业、旅游资源、电商平台资源等，将乡村特色农副产品、传统手工艺品等进行品牌设计、包装，转化为市场商品、旅游商品、文创礼品，提高产品的附加值。围绕农业生产，加快农业转型升级，延伸有机农业、农产品加工、农业服务等多种产业链，推进乡村产业发展从生产转向生产销售并重，从增产转向提质，夯实农业根基。培育多元化经营主体，围绕本地特色农业，加快培育种养大户、家庭农场、专业合作社等新型经营主体，健全完善经营主体的利益联结机制。

第四，优化乡村产业空间结构。要遵循城乡空间发展规律，规划先行，将城乡作为整体统一谋划，多规合一科学编制城乡发展规划，合理规划城乡空间布局，以实现乡村产业振兴为导向，优化利用城乡空间资源，努力形成乡村建设、土地利用、产业布局、基础设施等相互衔接和配套的规划体系，推动城乡空间融合。① 培育壮大县域产业，提升县城产业承载能力，完善县城产业发展的公共服务、设施配套，搭建县域内产业发展平台，推动农业生产加工主产区向县域布局。推进镇域产业聚集，发挥乡镇连接县、村的作用，引导乡镇挖掘当地的文化资源、生态资源、农业资源，打造特色农业产业园区、特色旅游业、工业园区，完善相关配套服务体系，从而集聚相关产业。实现镇村联动发展，通过积极向上争取政策、资金支持，引导企业在农村设原料基地、进行初加工，帮助农民就近就业、就近增收。

二、人才振兴是乡村振兴全面发力的"核心力"

全面推进乡村振兴关键在人。在客体层面，全面推进乡村振兴是

---

① 范建刚、赵志强：《城乡融合发展视阈下的乡村产业振兴研究》，《农村经济》2023年第1期。

为了满足农民的美好生活需要，提高农民的生活品质，实现农民的全面发展和社会的全面进步。从主体层面，全面推进乡村振兴需要依靠农民，要从广大农民中汲取智慧和力量，让农民自觉投身于乡村振兴的实践中。《关于加快推进乡村人才振兴的意见》《"十四五"农业农村人才队伍建设发展规划》等政策文件，强调把乡村人才培养放在重要位置，以农业农村发展的用人需求为导向，为乡村振兴提供人才支撑。《关于加快推进乡村人才振兴的意见》将人才振兴大体分为几类：第一类是农业生产经营人才，主要是培养高素质农民、家庭农场经营者、农民合作社带头人。第二类是农村二三产业发展人才，主要是培育农村创业创新带头人、电商人才、乡村工匠，打造农民工劳务输出品牌。第三类是乡村公共服务人才，主要是培育卫生健康人才队伍、文化旅游体育人才、规划建设人才。第四类是乡村治理人才，主要是培育乡镇党政人才、村党组织带头人、社会工作人才、经营管理人才等。第五类是农业农村科技人才，主要是培育农业农村高科技领军人才、创新人才、推广人才等。

第一，完善乡村人才入乡机制。坚持以人才需求为导向，引进与农村实践发展相适应的人才。通过推动农村产业融合发展，延伸产业链，围绕"产业链"布局"人才链"，从而集聚人才。以"乡情"为纽带，吸引更多的各类人才参与乡村的经济发展、政治清明、文化传承、社会治理、环境优化等各项工作。[1]增强农村的人才吸引力，利用政策吸引、鼓励人才到乡、回乡、返乡、入乡创业，并为其在乡村创业发展提供经济支持、土地支持、项目支持等。统筹县域内人才资源，打破城乡壁垒、行政区域壁垒，建立健全定期向村派驻人才的工作机制，引导城市人才定期下乡服务，并且将到农村服务时间与个人晋升空间、福利待遇挂钩。此外，全面推进乡村振兴是全体人民的振兴，但更多

---

① 邓斌、韦国友：《乡村人才振兴的制度性建设》，《社会科学家》2023年第2期。

得是农村居民的振兴。因而，全面推进乡村振兴必须调动农民的积极性和主动性，让农民认识到全面推进乡村振兴与他们切身利益紧密相连，增强农民参与乡村振兴的意愿。同时要通过教育、培训，为农民提供技术指导，提高农民参与乡村振兴的素质能力。

第二，优化乡村人才培育体系。乡村人才振兴不仅要向外引进人才，还要积极培育本土人才。拓宽培养渠道，打造乡村人才库，联合各级各类培训单位，采取短期培训、职业教育、学历教育等多元化的培养方式，为人才提高能力水平提供平台，培育新型职业农民。开展结对帮扶，鼓励城市专家定期下乡、服务基层，完善传帮带机制，结合人才特点，因材施教，实行跟踪培养服务，提升各类人才职业技能。激发人才内生动力，采取激励机制，提高广大人才想学、主动学的积极性。可以借鉴脱贫攻坚过程中形成的有效机制，如农民夜校、农民讲习所等，激发农民参与和支持乡村振兴的主动性与能动性。[1]

第三，健全乡村人才保障机制。引进人才、培养人才是乡村振兴人才建设的起点，还要能够留住人才，充分发挥人才效用。加快乡村基础设施和公共服务建设，改善农村人居环境，提高教育、医疗、社会保障服务水平和质量，为各类人才营造良好的生活工作环境。推动资源、机会等向农村倾斜，有针对性地给予政策支持，如编制、工资待遇、贷款、税收等，完善乡村人才的福利配套保障，使得各类人才愿意留在乡村。充分发挥云计算、大数据等技术优势，使之与乡村振兴有效融合，建设乡村人才数据共享平台；进行分类和动态管理，及时分析关注乡村人才供需状况，使乡村人才资源配置趋于更加合理；充分开展调研，及时了解和掌握乡村人才的需求，为乡村人才提供高效便捷服务。[2]

---

① 李海金：《"外源内生"：乡村人才振兴的实现路径》，《人民论坛》2023 年第 17 期。
② 张新勤：《新时代乡村人才振兴的现实困境及破解对策》，《农业经济》2021 年第10 期。

三、文化振兴是乡村振兴全面发力的"灵魂力"

全面推进乡村振兴旨在改善农民生活，不仅要在经济社会层面加强对农村的支持投入，还需在文化层面发力。文化振兴在全面推进乡村振兴中占据着重要地位，是增强广大农民凝聚力、引导农民转变思想观念、激发农民内生动力的铸魂工程。物质文明和精神文明协调发展是中国式现代化的特征之一，全面推进乡村振兴也必然是物质文明振兴与精神文明振兴的协调发展。在全面推进乡村振兴的新征程上，文化振兴能为乡村发展提供持久的精神力量，是实现乡村振兴战略目标宝贵的精神财富。习近平总书记指出："乡风文明，是乡村振兴的紧迫任务，重点是弘扬社会主义核心价值观，保护和传承农村优秀传统文化，加强农村公共文化建设，开展移风易俗，改善农民精神风貌，提高乡村社会文明程度。"① 这一重要论述明确了乡村文化振兴方向和任务。推进乡村文化振兴需要发挥农民主体作用，注重挖掘本土文化资源，营造文明乡风，满足农民的精神文化需求。

一是激发不同主体文化意识。乡村文化振兴，应将关注点聚焦于"人"。增强农民对乡土文化的认同，要充分发挥教育的作用。针对儿童和青少年，应通过学校教育，充分挖掘乡村文化中能与思政教育相结合的传统要素和文化基因，通过学校教育文化的氛围与熏陶，实现乡村文化振兴、思想振兴。针对其他群体，依托乡村文明实践中心，通过文化下乡、文艺表演、宣讲活动等多种活动丰富农民精神文化生活；引入身边典型案例，利用榜样力量感召群众，激发农民参与的自觉性。增强基层党员干部的文化建设意识，发挥党员先锋模范作用，运用通俗易懂的语言、人民大众喜闻乐见的方式传播好乡村文化，引导广大农民群众积极参与。

---

① 习近平：《论"三农"工作》，中央文献出版社 2022 年版，第 278 页。

二激活优秀传统乡土文化。推进乡村文化振兴，要深入挖掘农村传统文化中蕴含的优秀因子，推动其创造性转化、创新性发展。农村地区由血缘、地缘等形成的人际关系网络，如家庭成员间、邻里间的相互帮助，其中所蕴含的互助共济、慈善仁爱理念涵养了良好的乡风文明，为乡村文化振兴提供内在动力，是推进乡村振兴的精神力量。同时要保护好乡村物质文化遗产和非物质文化遗产，尊重地方文化差异性，避免同质化发展，推动乡村遗产活化利用，利用好乡村遗产资源，结合当地文化基因，传承好传统节日，打造特色文化品牌。

四、生态振兴是乡村振兴全面发力的"支撑力"

"人与自然和谐共生"是中国式现代化的特征之一，"绿色"是新发展理念之一，推进乡村生态振兴是践行新发展理念的具体体现，是推进中国式现代化的题中之义。同时，推进乡村生态振兴是增进人民生态民生福祉的绿色工程，人民日益增长的美好生活需要，不仅需要政治、经济、文化和社会民生的满足，也需要生态民生的满足。乡村生态振兴在我国生态文明建设中占据着重要位置，是改变乡村生产生活方式的重要变革，是实现美丽中国的重要基础。习近平总书记指出，"小康全面不全面，生态环境质量很关键"①，"必须坚持节约优先、保护优先、自然恢复为主的基本方针"②。从实践意义上看，乡村生态振兴有利于乡村走生产发展、生活富裕、生态良好的文明发展道路，从而实现农业农村的可持续健康发展。改革开放以来，在一系列政策支持下，我国农业农村发展取得巨大成就。但是由于城乡发展差距，农村基本公共服务滞后导致农民的生存和发展需求，只能更多依靠家庭保障。在家庭资源禀赋缺少的背景下，以牺牲环境换取经济效益的生

---

① 习近平：《论坚持人与自然和谐共生》，中央文献出版社 2022 年版，第 62 页。
② 《习近平关于社会主义生态文明建设论述摘编》，中央文献出版社 2017 年版，第 9 页。

产生活方式，导致资源的过度开发利用和环境破坏，人与自然矛盾日益激化，进一步恶化了农村的生态环境。除此之外，还会影响到农业现代化发展。因此，推进乡村生态振兴不仅要从理念上转变农民生产生活观念，还要从设施、服务上为乡村生态振兴创造条件。

一是引导农民树立绿色发展理念。农民是乡村振兴的实践主体，广大农民对乡村生态振兴的理解认知直接关系到乡村生态文明建设成效。激发农民参与乡村生态振兴的主体性，关键在于通过增强农民对农村生态文明建设重要性的认识，从而引导其在生产生活方式上发生转变，让绿色生态理念融入日常生产生活。通过广播、发放宣传手册、上门入户等方式，宣传普及垃圾环保分类、化肥农药减量增效等知识；依托道德评比、理论宣讲、文艺演出等载体，宣传身边乡村生态治理典型；加大对农村生态环境法治宣传教育，对农村破坏生态环境的行为严厉打击。

二是一体化推进"三大革命"。《农村人居环境整治提升五年行动方案（2021—2025年)》《"十四五"乡村绿化美化行动方案》《关于开展农村改厕"提质年"工作的通知》等政策文件，对农村厕所革命、农村生活污水治理、农村生活垃圾治理等提出了具体要求，从而为全面推进乡村振兴提供有力支撑。扎实推进农村厕所革命，充分尊重农民意愿，坚持因人、因户施策，普及农村卫生厕所，健全农村厕所管理机制，提升厕所粪污处理和资源化利用能力。扎实推进生活污水治理，城市周边的农村，宜采用城市管网向其延伸的方式处理污水；乡镇周边的农村可将污水集中到乡镇污水处理厂处理；企业周边的农村污水可集中收集并委托给企业的污水处理站处理。而在居住人口集中的村庄和禽畜养殖企业，则适宜采用"一体化处理装置"处理污水；较分散或人口较少，特别是山区农村则建议采用分散方式处理污水。①

---

① 《农村污水治理要出实招重实效（建议)》，《人民日报》2023年9月18日。

推动农村生活垃圾治理，完善农村垃圾的转运处置，探索农民可接受、可适应的垃圾分类方式，采用多种方式向农民普及垃圾分类知识，从源头上减少农村垃圾的产生，增强垃圾的可回收利用。

三是发展绿色农业。推进乡村振兴要坚持绿色发展理念，农业绿色发展不仅能够减少农业面源污染，改善农村人居环境，还能增加农民收入，满足消费者对农产品的安全、绿色、高品质的需求。推动农业转型发展，改变粗放式的增长方式，促进农业资源集约化高效化利用，减少化肥、农药等化学物品的使用，促进秸秆、农膜的回收利用，提高农产品的质量。完善生态保护与修复工程，采取有力措施保护耕地，推进高标准农田改造提升，坚决防止耕地"非农化"、基本农田"非粮化"，牢牢守住耕地红线，推行轮耕套作，实现经济、生态效益最大化。

四是提升村容村貌。完善村庄基础设施，建好乡村公路，畅通乡村人流物流，完善应急救灾设施设备。合理规划村庄公共空间，为村民休闲娱乐提供场地支持，完善农民生活配套设施，打造农民生活便利圈。打造乡村风貌场景，结合当地风土人情，在保留村庄特色的基础上，利用当地资源打造乡村景观，推动农房的美化改装设计，避免千村一面。培养农民绿色环保节约意识，提倡农民爱护公共环境，用实际行动参与乡村绿色建设。

五、组织振兴是乡村振兴全面发力的"内生力"

习近平总书记指出："实施乡村振兴战略，各级党委和党组织必须加强领导，汇聚起全党上下、社会各方的强大力量。要把好乡村振兴战略的政治方向，坚持农村土地集体所有制性质，发展新型集体经济，走共同富裕道路。要充分发挥好乡村党组织的作用，把乡村党组织建设好，把领导班子建设强，弱的村要靠好的党支部带领打开局面，富的村要靠好的党支部带领再上一层楼。"① 可见，乡村组织振兴是全面推进乡村振兴的重要力量，是全面推进乡村振兴的政治保障、组织保障。《国家乡村振兴局关于落实党中央国务院 2023 年全面推进乡村振兴重点工作部署的实施意见》明确指出，会同有关部门出台《关于推动健全县乡村三级治理体系功能进一步加强和改进乡村治理的实施意见》，压实县级责任，推动乡镇扩权赋能，夯实村级基础。推进组织振兴要注重发挥不同类型组织的作用，体制性组织承担组织与领导功能，经济性组织承担产业兴旺的功能，社会性组织承担乡风文明、人居环境整治等重要功能。

一是加强基层党组织建设。坚持党对农村工作的全面领导，要加强各级党委和党组织对乡村振兴工作的领导。包括：优化基层党组织体系，从横纵两个维度实现基层党的组织全覆盖，推动基层党组织晋位升级，构建以村党组织为核心的区域党建工作体系，实现基层党组织对乡村振兴的全面领导。完善乡村治理体系，创新载体方法，充分发挥党建引领作用，推动自治、法治、德治相融合，动员广大农民参与乡村振兴，充分激发乡村治理活力。建强基层党组织队伍，通过加大从农村优秀人才中选拔党组织带头人，高质量做好换届选举工作，加强对村级组织干部的激励考核，选优配强乡村两委班子。同时要加大在农村青年中发展党员的力度，培养优秀的农村青年作为后备人才。

二是大力发展农村集体经济。鼓励村民参与集体经济，成立以村党组织为核心的确权工作领导小组，将村集体资产及财政投入到农村的发展类、扶持类资金等量化为村民持有的股金，鼓励村民将个人的资源、资产、资金、技术等入股到经营主体成为股东，实现户户入社、户户带股。培育集体经济人才，以乡情、亲情、友情为纽带吸引各类

---

① 习近平：《论"三农"工作》，中央文献出版社 2022 年版，第 280 页。

优秀人才返乡创业就业，将集体经济、市场营销、资产经营等作为重点培训内容，全方位提升基层抓新型村级集体经济发展的能力和素质，支持外出创业成功人士、优秀民营企业家、田园乡土人才等担任集体经济组织项目负责人、项目合伙人。

三是大力发挥社会力量。社会组织、市场主体是全面推进乡村振兴的重要力量。在党的领导下，推动社会、市场等多元主体协同治理，才能形成乡村振兴的合力。一方面，发挥社会力量参与乡村振兴的优势。2022 年，国家乡村振兴局、民政部制定印发《社会组织助力乡村振兴专项行动方案》，强调充分发挥社会组织优势作用，以社会组织参与乡村振兴为载体，引导和组织企业、公民个人等广泛参与。社会组织具有公益性强、互助性强、资源整合能力强的优势，在全面推进乡村振兴过程中，社会组织充分动员社会力量，以专业服务、志愿服务、项目对接的方式助力乡村振兴。另一方面，充分发挥市场主体参与乡村振兴的能动性。企业等市场主体具有效率高、灵活性大、专业性强的优势。应发挥好政府的作用，综合运用经济、行政、法律等手段，完善政府购买机制，推动乡村振兴部分项目对外开放，降低城乡要素对接的制度成本，鼓励和支持市场资本投资农业农村。

第四节　全面推进乡村振兴是多元主体的合力参与

全面推进乡村振兴，涉及政治、经济、社会、文化、生态等多方面，需要多元主体共同参与，党委、政府、农民既各司其职、各尽其责，又协作配合、形成合力。党全面领导乡村振兴是实现农业农村现代化，实现农民幸福生活的关键。党在全面推进乡村振兴进程中始终发挥总揽全局、协调各方的作用，将党和广大农民的意志通过法定程序上升为国家意志，通过完善乡村振兴的战略目标、政策措施，同时通过调动各方资源，协调各方利益主体，不断增进农民的民生福祉，提高农民的生活品质，提升农民的获得感、幸福感和安全感。政府主导着乡村振兴的全面推进，能够通过资源整合、政策支持、经济支持，实现乡村全面振兴的目标。农民是全面推进乡村振兴的实践主体和受益主体，要充分增强农民参与乡村振兴的主人翁意识，为农民参与乡村振兴赋能。

一、发挥党委领导作用

中国共产党领导是中国特色社会主义最本质的特征，是中国特色社会主义制度的最大优势。确保党在乡村振兴中发挥总揽全局、协调各方作用，是我国乡村振兴取得重大成就的根本所在、优势所在。全面推进乡村振兴是一项长期而艰巨的系统工程，需要把握好当前与长远利益、局部与整体利益，需要有效衔接好产业振兴、人才振兴、文化振兴、生态振兴、组织振兴的关系，还需要处理好中央与地方、城市与乡村、公平与效率等关系。在思想上，习近平总书记关于"三农"工作作出了一系列重要论述、重要指导，为全面推进乡村振兴提供了根本遵循，确保全面推进乡村振兴行稳致远。在方向上，中央重要会议多次研究乡村振兴工作，自 2013 年开始已连续 10 年召开中央农村工作会议。2018 年以来，每年的农村工作会议都部署乡村振兴重点工作，确定乡村振兴的发展方向。从精准脱贫，到实施乡村振兴战略，再到全面推进乡村振兴，确保了乡村振兴工作正确的政治方向。在工作机制上，实行中央统筹、省负总责、市县抓落实的乡村振兴工作机制。在机构设置上，在国家层面建立了国家乡村振兴局，统筹全国乡村振兴工作。由中央到地方，各地也成立了乡村振兴局，明确了乡村振兴的主要任务。关于职责分工，明确各级党委重点任务。在中央层面，明确乡村振兴的战略目标、阶段目标，完善乡村振兴的顶层设计、决策部署。在省委层面，定期研究乡村振兴工作，召开农村工作会议，出台全面推进乡村振兴的重大举措，统筹协调资源抓好重点工作、重点任务的落实。在市委层面，做好省委、县委乡村振兴工作的衔接，做好市域内资源协调、管理指导督促工作。

二、发挥政府主导作用

政府对乡村振兴的政策支持、资金支持、人力支持等，是全面推进乡村振兴的有力支撑。在政策支持上，从党的十九大提出乡村振兴战略，再到党的二十大提出全面推进乡村振兴，相关部门先后出台了一系列关于乡村振兴的文件，如《中共中央　国务院关于实现巩固拓展脱贫攻坚成果同乡村振兴有效衔接的意见》《中共中央　国务院关于全面推进乡村振兴加快农业农村现代化的意见》《中共中央　国务院关于做好2023年全面推进乡村振兴重点工作的意见》等，乡村振兴政策框架和政策体系基本形成，乡村振兴的顶层设计不断完善。在资金支持上，政府实行了一系列与乡村振兴相关的税收优惠政策、资金补助政策。政府在支持新型农业经营主体、加强农村基础设施建设、农村环境综合整治等乡村振兴项目上给予资金补助支持。2022年底，财政部提前下达衔接推进乡村振兴补助资金1485亿元。在中央财政加紧下达资金的同时，各地也在加大投入力度，如2023年，四川的省级一般公共预算支出中，乡村振兴方面安排资金238.2亿元，占省级一般公共预算支出的6.9%。① 在人力支持上，政府在全面推进乡村振兴过程中，积极组织力量直接参与乡村振兴建设。2021年，中共中央办公厅出台《关于向重点乡村持续选派驻村第一书记和工作队的意见》，要求继续选派第一书记和工作队，将乡村振兴重点帮扶县的脱贫村作为重

---

① 《"真金白银"支撑乡村振兴》，《经济日报》2023年3月2日。

点，加大选派力度。2022 年底，全国在岗驻村第一书记 21.09 万人、工作队员 56.3 万人。①

三、发挥农民主体作用

农民既是乡村振兴发展成果的享有者，也是乡村振兴的实践者。要全面推进乡村振兴，最根本的还是要发挥农民的主体作用，激发农民参与乡村振兴的活力。一是坚持乡村振兴为了农民。全面推进乡村振兴必须坚持人民至上，乡村振兴的根本目的是实现农民对美好生活的向往，实现全体人民共同富裕。在全面推进乡村振兴实践中，乡村振兴政策的制定、实施都应以是否符合人民利益、增进人民福祉为第一位。二是坚持乡村振兴依靠农民。广大农民是乡村振兴的主体，全面推进乡村振兴要发挥农民的主动性和主体性，要广泛依靠农民、引导农民积极参与乡村振兴。提升农村参与乡村振兴的意识和能力，通过展示乡村振兴取得的成就，以及及时回应农民的需求，让农民切实感受到乡村振兴带来的发展变化，从而引导农民自觉参与乡村振兴；通过多元化的培训，改进政策的传达方式，畅通农民参与乡村振兴的平台与渠道，提升农民参与乡村振兴的综合能力。三是坚持乡村振兴成果由人民共享。成果共享是全体人民的共享、是全方面的共享。这要求乡村振兴发展成果应该是全体农民的共享，不是一部分人或者少数人的共享，全体农民都能公平地享有教育、医疗、社会保障等资源。

① 《吸引各类人才在乡村振兴一线建功立业——"组织振兴引领保障乡村振兴"调研报道之二》，农业农村部网站，http://www.moa.gov.cn/ztzl/ztjy/ywyl/202307/t20230719_6432469.htm。

第四章

推进乡村振兴上全面发力的政策演进

改革开放 40 多年来，农业、农村和农民问题始终是我国乡村治理的重要问题，为解决好"三农"领域痛点难点，我国通过不断进行政策创新实践，努力推动农业农村逐步向好、农民逐年增收、乡村稳步发展，为实现乡村治理现代化做贡献。"三农"政策作为不同阶段乡村社会经济、政治、文化的映射，对乡村发展有着引导调控的作用，准确把握"三农"政策与时代发展相关联的整体性演进特征对引导中国乡村的可持续发展具有重要理论与实践意义。

第一节　我国"三农"战略的历史沿革

翻阅中国古代史，不难发现，历朝历代，底层老百姓都是盛世之牛马，乱世之炮灰。历朝历代繁荣衰退中曾发生过无数次农民反抗，最终以造反起义为主而没有根本性的革命。到 1921 年，中国共产党开启了创新性的革命。当时的农村在中国共产党的带领下，逐步进入现代发展轨道，中国开始进入稳定和持续的发展。建党百年以来，我国的乡村发展战略不断升级，但在乡村建设进程中，因历史因素、目标导向、发展任务、社会需求等各不相同，不同时期的乡村发展和建设思路呈现出明显的阶段性特征。

一、1921年至新中国成立前：乡村革命战略

20世纪20—40年代是中国共产党在乡村发展与建设中探索的第一个阶段。这一阶段，中国共产党通过动员最底层的农民群众开展土地革命和土地改革，实现农民对土地的基本需求。农民获得土地和人身自由后，积极投身革命，从而保证中国共产党取得了乡村革命的全面胜利。具体而言，在第一次国内革命战争时期、土地革命时期、抗日战争时期和解放战争时期，中国共产党在"三农"领域均进行了探索与实践。其一，在农民方面，中国共产党领导农民成立农民协会。1921年9月在浙江萧山县衙前村，成立了中国第一个农民协会，进而开展初级阶段的农民运动。此时，农民协会开展斗争的主要目标是土豪劣绅、不法地主和贪官污吏。在斗争过程中一并冲击乡村各种腐朽的宗法思想、习惯和制度。同时，中国共产党积极开展政治宣传，倡导文化运动，促进农民思想解放。其二，在农村方面，开展"农村包围城市，武装夺取政权"。大革命的失败促使中国共产党从中吸取教训、总结经验，作出逐渐从城市向农村转移的重大战略。通过深耕农村，中国共产党获得农民群体的支持和拥护，创建工农政权，领导工农群众开展武装斗争。其三，在农业方面，推动土地制度变革，实现"耕者有其田"。1928年12月，毛泽东同志主持制定了《井冈山土地法》，实行"没收一切土地归政府所有"。1929年4月，毛泽东同志主持制定了《兴国土地法》，将"没收一切土地"改为"没收一切公共土地及地主阶级的土地"。这一战略思想调整在某种程度上保护了中农群体的利益，使革命获得了中农群体支持。此后，中国共产党根据农村具体形势不断调整土地战略，先后主张和实行"土地社会共有""土地农有""土地地主所有而减租减息""没收地主土地分给农民"等。总体来看，

此时中国共产党的"三农"战略处于起步阶段。中国共产党通过不断调适"三农"战略，最终取得了新民主主义革命的胜利。革命胜利充分证明：农民是建立工农联盟政权的重要力量，农村是获得革命胜利的可靠依托，农业是涵养工农政权的经济基础。

二、1949—1988 年：以农支工战略

新中国成立之初，中国共产党要在内部基础弱、外部环境差的特殊时期为现代国防和现代工业争取较多支持，进一步获得民族独立和发展保障，就需要逐步建立起计划经济体制，让农业和农村为工业和城市提供原始积累。同时，中国共产党通过"政党下乡"和"政权下乡"实现了国家对乡村社会的整合，进一步重构了乡村社会组织体系，为实现以农支工战略起到了很好的保障作用。同时在乡村治理方面，1979 年，党的十一届四中全会发布了《关于加快农业发展若干问题的决定》，出台制定 24 项政策推动农村生产力发展，并对农业现代化建设作了具体的安排和部署。

创造性地实施家庭联产承包责任制。在对农业合作社时期和人民公社化时期出现的急于求成、平均主义问题进行分析后，1978 年在安徽凤阳小岗村进行了家庭联产承包责任制改革试点工作，大胆实行集体土地"包产到户、包干到户"，一年之内粮食产量猛增 4.8 万公斤，农村人均收入翻了将近 20 倍。1983 年，全国 90% 以上的耕地实现了家庭承包，标志着我国经济体制由原来人民公社所构成的集体经济转变为家庭承包经营制。家庭联产承包责任制的建立激发了农民生产主动性，促进了生产力的提高。

实行农产品流通体制。农产品流通体制改革是基于当时家庭承包经营制度确立后，我国农产品供不应求，迫切需要开放产品经营管制的社会背景。1979 年，党的十届四中全会提出重新恢复农贸市场，为

产品流通体制的建立打下了基础。1982 年，中央一号文件要求国有企业和合作社打破地区封锁，1985 年又明确了改革传统农产品统购统销制度的要求。由此，广大农民继获得土地承包权后，又取得了农产品流通的自主权，迅速推动农村经济的市场化发展进程。

乡镇企业的兴起，促进农村工商业的发展。乡镇企业的前身是社队企业，1978 年，我国共有社队企业 52.1 万个，从业人员 1734 万人，总产值 385 亿元，随着农村承包经营的不断推行，已具备发展乡镇企业所需要的人、财、物资源。1984 年，我国出台鼓励农民集中资金集体兴办企业的通知，正式发文将社队企业改名为乡镇企业。1985—1987 年不断出台新的政策规定，对乡镇企业的发展提出指导和新的要求。当然，这一阶段的乡镇企业发展一定程度上缓解了乡村就业难的问题，促进了乡村治理现代化的发展。

三、1989—2002 年：自主发展战略

改革开放后，中国共产党的发展战略持续聚焦"三农"领域。家庭联产承包责任制的广泛推行，标志着"三农"战略的出发点直指"三农"问题本身，而不再是服务于工业化发展。党和国家通过有限市场化改革使农村面貌得以改善，农民温饱问题进一步解决。由此，农业农村发展获得更多自主性。但在相对自由流动的环境中，资源要素从农村大量流入城市。在该阶段，我国在建立完善社会主义市场经济体制的基础上，确立了基本经济制度和分配制度，1991 年中共中央出台《关于进一步加强农业和农村工作的决定》，提出要建设社会主义新农村。

第一，解决我国粮食基本安全问题。随着城市改革进程的不断深化，居民的消费结构得到升级，部分地区出现粮食产量不足的问题。因此，党中央在宏观层面上强调在保持经济快速稳定发展的同时，集

中力量解决粮食产量不足等现实问题。同时，在微观层面上政府积极采取干预措施，实现可持续发展。第二，在实现村民自治的条件下，推进农业税改革。在国家的大力扶持下，乡村公共事业发展迅速，随之而来的是政府的财政赤字问题。1983 年，国家为了弥补资金缺口开始征收农业税，给农民的农业生产生活造成了困扰。为此，1996 年中共中央、国务院出台《关于切实做好减轻农民负担工作的决定》，提出允许部分粮食产区探索税费改革；2003 年，改革在全国范围内进行推广；2005 年，全国人大常委会通过《关于废止〈中华人民共和国农业税条例〉的决定》，标志着我国农业税费的政策被彻底废除。第三，开展八七扶贫攻坚促进农村整体向好发展。20 世纪 80 年代，我国的扶贫工作陆续拉开帷幕，在 20 年里不断探索并取得较好的成效。为了深化推动扶贫工作，1994 年国务院在《国家八七扶贫攻坚计划》中提出要解决当时全国农村 8000 万贫困人口的温饱问题，政府进一步提出了增加中央财政投入、在重点扶贫地区安排大型开发项目等一系列重大措施。至 2000 年底，国家八七扶贫攻坚目标基本实现。

四、2003—2012 年：以工促农战略

鉴于"三农"在市场竞争中的劣势地位以及由此出现的农村衰败、农地撂荒、农业兼业化、老人务农甚至无人务农等现象，党中央审时度势，在党的十五届三中全会上提出"坚持多予少取，让农民得到更多的实惠"。随后党中央于 2002 年提出"三农"工作是全党工作的重中之重，明确提出了"多予、少取、放活"的工作方针。2003 年将其衍生为"三农"工作是党和政府全部工作的重中之重，并于 2005 年提出"社会主义新农村建设"。与上述一系列重大战略研判相伴随的是农业税的全面取消和国家投入逐步倾斜。国家通过将资金不断投向农村基础设施建设和基本公共服务领域，实现基本公共服务均衡发展。这一时

期我国投入到全面建设小康社会的进程中去，自 2004 年开始，中央每年下的一号文件都紧紧围绕"三农"问题，解决"三农"问题是加快推进社会主义新农村建设，提高乡村治理水平的工作重点。

首先，在农村经济建设上，不断提高农民的收入水平，带动村民富裕起来。该阶段农产品产量得到了大幅度提高，但 1998—2000 年连续三年农民人均收入增长率的下降，挫伤了农民积极性，因此，2006 年和 2009 年公布的中央一号文件均要求围绕保持农村经济平稳运行较快发展的基本任务，以多种形式拓宽农民增收渠道。在重大政策的扶持下，农民收入得到了提升，2012 年人均收入增长率达到 10.7%。其次，解决仍然存在的农业基础设施建设薄弱、城乡收入水平差距大、社会公共事业发展不畅的问题。2005 年中共中央在"十一五"规划建设中提出要稳步推进社会主义新农村建设。随后 2006 年中央一号文件对新农村建设进行了统筹规划，重视乡村治理的协调发展，产业结构的优化，促进农业生产方式向集约化方向发展。最后，统筹城乡社会的发展。这一阶段城乡经济社会发展的不平衡性日益突出，从市场的角度来看，资源的高层次流向性，使得发展焦点从农业转向工业，地区由农村转向城市；从制度角度来看，城乡二元结构所暴露的缺陷仍然在社会中发挥作用。

因此，结合我国当时发展特征，2007 年党的十七大提出要建立"以工促农、以城带乡"的长效机制，形成一体化新格局，2010 年的中央一号文件细化了统筹发展的重点任务。总的来说，国家对于统筹城乡发展作出了战略指示，使乡村治理进入了一个新阶段。

五、2013—2020 年：酝酿、部署乡村振兴战略

如上所述，以工促农战略的确定以及与之相配套的一系列支农强农惠农政策的出台和实施，在特定区域、特定人群、特定产业等方面

促进了农业农村发展。与此同时，诸项政策需要衔接和统筹，也需要确立城乡融合发展的体制机制和政策体系。为此，习近平总书记在2013年中央农村工作会议上提出"中国要强，农业必须强；中国要美，农村必须美；中国要富，农民必须富"的战略构想。这一战略构想为"三农"工作指明了新方向，也全面揭示了农业农村发展对实现中华民族伟大复兴的重要性，可看成乡村振兴战略的酝酿和雏形。党的十九大从新时代特征出发，基于中国社会主要矛盾变化及战略需求，提出要按照"产业兴旺、生态宜居、乡风文明、治理有效、生活富裕"的总要求实施乡村振兴战略。这其中，"产业兴旺"是动力，"生态宜居"是方向，"乡风文明"是基础，"治理有效"是保障，"生活富裕"是目的。这"五位"之间的"一体化"框架，是城乡融合发展体制机制和政策体系的宏观架构，体现了党中央对农业农村发展的总体布局和战略规划。

2013年，党的十八届三中全会提出推进城乡要素平等交换和公共资源均衡配置；2015年，我国提出生态文明体制改革，并且通过精准扶贫执行贫富差别再平衡战略，承诺2020年消除贫困；同年底提出农业供给侧结构性改革，推动新型城镇化与新农村建设双轮驱动、互促共进；2017年党的十九大提出乡村振兴战略，农业农村优先发展，年底的中央农村工作会议明确五级党委书记抓乡村振兴。党的十八大以来，中央围绕"五位一体"总体布局和"四个全面"战略布局，对打赢脱贫攻坚战、实施乡村振兴战略、加强党对"三农"工作的领导作出了部署和安排，加快了乡村治理现代化的进程。

第一，针对在已经解决多数地区和人口的脱贫问题后，后续脱贫难度更大的问题，中央提出了要打赢脱贫攻坚战。2012年底新时代脱贫攻坚揭开帷幕。2016年《"十三五"脱贫攻坚规划》明确了脱贫攻坚的总体目标和基本措施。2018年出台的《关于打赢脱贫攻坚战三年行动的指导意见》制定了更高的目标，要求在3年内完成剩余的3000万左右的贫困人口脱贫工作，打赢脱贫攻坚战。2020 年，历时 8 年的脱贫攻坚任务终于完成了，乡村治理实现了进一步发展。

第二，依据现在社会的发展特征，制定了乡村振兴战略。在进入新的历史时期后，社会主要矛盾发生了转变，面对新的历史形势要采取新的措施。党的十九大首次提出实施乡村振兴战略。2017 年，中央农村工作会议全面阐述了乡村振兴的战略意义，提出了其实现的路径。2018 年中央印发了《乡村振兴战略规划（2018—2022 年）》，对乡村振兴战略后续的工作重点、政策实施进行了细化。

第三，加强了党对"三农"工作的领导。1993—2018 年，中央成立农村工作小组，下设办公室作为综合部门负责乡村治理的协调工作。2018 年，中共发布《关于深化党和国家机构改革的决定》，要求成立农业农村部，直接负责乡村治理协调工作。2019 年印发的《中国共产党农村工作条例》，首次对农村党组织工作进行了法制约束。在 2020 年的农村工作会议上，习近平总书记强调各级党委要承担起"三农"工作的责任，不断推进乡村振兴战略的实施。

六、2021 年至今：全面推进乡村振兴

2021 年，面对新冠疫情反复、全球经济复苏乏力等复杂形势，中央一号文件提出全面推进乡村振兴，就推进农业现代化、乡村建设行动和党的全面领导等方面展开具体部署，实现了巩固脱贫攻坚成果同全面推进乡村振兴的有效衔接，以优异的成绩开启了第二个百年奋斗目标新征程。2022 年的中央一号文件再次锚定全面推进乡村振兴的重点工作，指出要强化现代农业基础的支撑作用，稳住农业基本盘，通过抓重点、压责任、抓点带面推动我国"三农"稳步发展，接续全面乡村振兴。

这一时期的"三农"改革立足新时代特征，形成了以乡村振兴为

统领的"三农"发展思想，内容涵盖农村社会经济的各个领域，核心是进一步深化改革，构建起现代化农业农村发展新格局：通过政策倾斜补齐"三农"发展的短板，推进城乡融合发展，利用新发展理念破解"三农"发展新难题，激发"三农"发展新活力，最终实现从量变向高质高效发展转型，推进乡村全面振兴。

2022年，党的二十大报告提出"全面推进乡村振兴"，标志着"三农"发展向全面推进乡村振兴的历史性转移，为新时代新征程的"三农"工作提供了思想指引和行动指南。党的二十大报告强调，要坚持农业农村优先发展战略，重点围绕巩固拓展脱贫攻坚成果，扎实推动乡村产业、人才、文化、生态、组织振兴，全方位夯实粮食安全根基等目标任务进行了部署，彰显了党中央把全面推进乡村振兴摆在全面建设社会主义现代化国家突出位置的战略考量。这既是新时代新征程"三农"工作的总体要求和前进方向，也是今后一个时期"三农"工作的基本遵循。

第二节　改革开放以来"三农"政策演进特征

通过对1978—2019年"三农"政策进行文本解码分析和社会网络分析发现，我国"三农"政策体系内涵不断完善，政策目标更为具体和明确，政策演进特征具体表现为以下几个方面。

一、政策目标

从乡村初级需求转向高质量发展。改革开放后，国家针对"三农"问题制定相应政策，首先以解决农民温饱和粮食安全为主要目标。到21世纪初期，在农民生计问题基本解决的基础上"三农"政策的关注重点是以提高农民收入为主，从而缩小城乡差距。目前"三农"政策发展目标已经转变成乡村高质量发展，在发展目标的制定上重视农民自身参与，以实现绿色、可持续性的乡村现代化。

二、政策内容

从单一聚焦转向全要素统筹。"三农"政策演进整体上呈现"初步发展—积极推进—深化拓展"的特征。在政策的宏观导向上，呈现出"由农业发展到生活、生产、生态全面统筹"的发展趋势。第一阶段聚焦于粮食安全、缩小城乡差距、促进农民增收；第二阶段在提升农业生产结构的基础上，提出"创新科技带动农业增长"的发展路径，并侧重于乡村生活和生态空间的改善提升；第三阶段持续关注乡村生活品质的提高和生态环境的改善，整合特色资源延伸产业链。政策内容由粗放到逐渐精准，由单一聚焦转向全要素统筹。

三、政策主体

从独立化转向协作多元化政策主体的协作在一定程度上代表不同主体在价值取向上达成了某种统一，共同提高政策的执行力度。国家治理体系和治理能力的现代化主要体现在政府部门间协同效率的提高。通过对政策主体协同的社会网络分析发现，"三农"政策从各部门分离制定发展到以党中央为领导、国务院贯彻执行、农业农村部为核心，多部门相互协调配合的整合化发展趋势。这一发展趋势主要体现在政策类型和政策执行力度上：在政策类型上由单一的农业发展政策到涉及产业、生活、治理体制、环境等多元结合的政策，政策类型和内容逐渐丰富。在政策执行力度上，多部门配合执行的局面更利于提高政策实施的有效性，从而逐渐形成完整的政策体系，共同协作，实现乡村地区的可持续发展。

第三节　改革开放以来我国"三农"政策演进的重要启示

一、根本要求：强化党的领导

"三农"工作在党的领导下，方方面面取得了重要进展和斐然成就。在党的领导下，充分发挥中国特色社会主义制度优势，历年围绕"三农"问题出台的中央一号文件，逐步细化促进乡村发展的目标、政策和战略等，突出政策与制度执行、落实的重要性，持续优化各级领导组织，强化各级党委责任，确保政策在基层全面落实。同时，对农村基层党组织提出要求，组织动员两委、两新组织、村民等积极参与党组织建设。在乡村治理中，持续强化党性建设、从严治党，提升管理者的领导水平和能力，为全面发力推进乡村振兴奠定基础。毋庸置疑，在全面推进乡村振兴的进程中，中国共产党在宏观层面上始终秉持解决"三农"问题的决心，出台详细的方针和政策作为坚实保障，提高全社会对乡村振兴的重视程度，在建设中国特色社会主义新进程中，结合不同阶段的时代特征和社会矛盾的不断转化，与时俱进，制定出符合不同阶段国情的方针政策。

二、关键所在：农民的主体地位

改革开放以来，我国先后探索实践家庭联产承包责任制、发展乡镇企业、建立和改革农产品流通体制、税费改革等多项创举，分别从农业、工业、商业等诸多角度破解"三农"问题，从历年的中央一号文件可知，我国在政策部署上始终坚持相信农民、依靠农民，为广大农民谋取利益。值得注意的是，2006 和 2009 年的中央一号文件提出

"拓宽农民增收渠道，促进农民收入的持续增长，把维护农民经济利益、保障农民政治权利作为基本出发点和落脚点"。党的十九大提出实施乡村振兴战略以来，通过人才振兴提高农村居民的受教育程度，带动农村就业，提高农民收入水平。总之，在"三农"政策不断的演变过程中，我国始终尊重农民主体地位、把维护农民核心利益放在首要位置。

三、有效保障：政策具备延续性

在具体实践中，包括农村土地制度、粮食安全、城乡发展、乡村振兴等都是重大的政策性问题，在政策的制定和执行中，要注重保持政策的耦合性和连续性，政策制度的出台与制定必须同已经出台的制度相融合、衔接。其中，有力有效的政策制度务必权衡多方因素，核心是选择正确的途径，依据不同发展阶段的特点，及时有效地对农村政策进行调整和改革，推动"三农"政策朝着稳定健康的方向发展。如，脱贫攻坚期的扶贫政策首先考虑贫困地区、贫困人口问题，然后集中对"贫中之贫、困中之困、坚中之坚"的深度贫困地区进行核心突破，保证了政策的连续性。在粮食安全方面，我国出台的多项政策措施与早期实施的农产品流通体制相耦合，通过对农产品流通体制的进一步深化，一方面提高农民生产的积极性，另一方面促进我国粮食安全稳定发展。在我国"三农"领域的历年演进中始终高度重视各项政策的耦合、衔接和可持续性，促进农业、农村和农民的持续稳定发展。

第四节 在新征程上全面发力推进乡村振兴

党的二十大报告指出，"全面建设社会主义现代化国家，最艰巨最繁重的任务仍然在农村"，进一步明确了要全面推进乡村振兴，要求坚持农业农村优先发展，坚持城乡融合发展。这是以习近平同志为核心的党中央着眼于全面建设社会主义现代化国家全局，关于做好"三农"工作的重大战略部署，为以全面建成小康社会为新起点，进一步巩固拓展脱贫攻坚成果、全面推进乡村振兴提供了根本遵循。

一、党的二十大进一步明确全面推进乡村振兴的重大任务

2018 年以来，每年的中央农村工作会议都聚焦乡村振兴，从短期、中期、长期等各个维度指导乡村振兴稳步推进。2021 年 4 月，十三届全国人大常委会第二十八次会议通过《中华人民共和国乡村振兴促进法》，这是我国第一部全面指导和促进乡村振兴的法律，也是"三农"领域一部固根本、稳预期、利长远的基础性、综合性法律。

党的二十大进一步明确全面推进乡村振兴，这是在党的十九大以来党中央关于乡村振兴一系列重大决策部署的基础上，在中国共产党带领全国人民胜利完成第一个百年奋斗目标，全面建成小康社会后，党的中心任务转变为团结带领全国各族人民全面建成社会主义现代化强国、实现第二个百年奋斗目标，以中国式现代化全面推进中华民族伟大复兴之际，关于农业农村现代化如何实现的宣示。党的二十大把乡村振兴战略作为"构建新发展格局，推动高质量发展"的一个重要方面进行了部署。全面推进乡村振兴是构建新发展格局的需要，其本身也要基于新发展格局的构建，贯彻新发展理念，要主动服务、融入和支撑中国式现代化。

二、在打赢脱贫攻坚战基础上对乡村振兴作出了新的决策部署

党的二十大报告指出，我们经过接续奋斗，实现了小康这个中华

民族的千年梦想，我国发展站在了更高历史起点上。中国共产党坚持精准扶贫、尽锐出战，打赢了人类历史上规模最大的脱贫攻坚战。以四川为例。四川是全国扶贫任务最重的省份之一，国家 14 个集中连片特殊困难地区中涉及四川省大小凉山彝区、高原藏区、秦巴山区和乌蒙山区"四大片区"，贫困"量大、面宽、程度深"特征明显。2013 年底，全省有贫困县 88 个、贫困村 11501 个、贫困人口 625 万人，贫困发生率 9.6％。[①] 习近平总书记对四川的脱贫攻坚十分牵挂，2018 年、2022 年、2023 年先后三次莅临四川，访贫问苦，把脉诊断，指导脱贫攻坚和乡村振兴。在习近平总书记的亲切关怀下，四川省如期完成了脱贫攻坚的历史任务。

党的二十大在这些巨大成就的基础上，对全面推进乡村振兴作出了新的决策部署，要求加快建设农业强国，扎实推动乡村产业、人才、文化、生态、组织振兴。新时代新征程，对于摆脱贫困的地区，就是要进一步巩固拓展脱贫攻坚成果，并在此基础上接续推动乡村全面振兴。对于其他地区，就是要在已探索形成的乡村振兴好做法好经验和已有成就基础上，持续推进乡村全面振兴，提升乡村发展层次，使乡村发展取得更加明显的成效。在习近平总书记来川重要讲话重要指示精神指引下，通过对四川进行乡村振兴先行示范县、整体推进县、重点帮扶县明确不同发展步骤和梯度发展目标思路，统筹巩固拓展脱贫攻坚成果和乡村振兴两大任务，稳步推进乡村振兴。

三、在全面建设社会主义现代化国家新征程上全面推进乡村振兴

党的二十大报告强调，高质量发展是全面建设社会主义现代化国家的首要任务。在领导推进我国社会主义建设事业的进程中，中国共

---

① 《聚焦"两不愁三保障"全面打赢脱贫攻坚战》，《四川日报》2019 年 9 月 5 日。

产党十分注重顶层设计，在不同阶段提出的相应的战略目标都是聚焦如何发展、如何推进我国的现代化事业。在全面建设社会主义现代化国家新征程上，高质量发展既传承了党的已有发展战略，又进一步提升了发展的层次和要求。

新征程上全面推进乡村振兴，是在习近平新时代中国特色社会主义思想指导下，全面落实高质量发展战略的振兴。党的十九大以来，以实施乡村振兴战略为总抓手，国家层面上出台一系列促进农业农村发展的政策，搭建起了新时代大力推进农业农村发展政策体系的"四梁八柱"。经过改革开放，尤其是中国特色社会主义进入新时代以来的发展，我国农业农村发展已经跃上了一个大台阶，发展水平极大提升，为全面推进乡村振兴奠定了坚实基础。与此同时，必须清醒地认识到，我国城乡居民收入差距仍然较大，城乡发展不平衡的问题还较为突出。与发展不平衡相伴而来的就是农村发展中的不充分问题，农村的公共设施、文化教育、医疗养老、社会治理水平等亟待进一步提高。城乡发展不平衡、农村发展不充分，是人民日益增长的美好生活需要和不平衡不充分的发展之间的矛盾的主要方面。因此，优先投入农业农村发展，高质量推动农业农村发展，以破解城乡发展不平衡、农村发展不充分难题，是推进我国社会主义现代化建设事业的紧迫任务和必然要求。

在推进乡村振兴的过程中，成都市贯彻落实习近平总书记来川视察重要讲话重要指示精神，坚定不移贯彻新发展理念，推动农业农村高质量发展。习近平总书记 2022 年 6 月在四川视察时指出，"成都平原自古有'天府之国'的美称，要严守耕地红线，保护好这片产粮宝地，把粮食生产抓紧抓牢，在新时代打造更高水平的'天府粮仓'"，为成都市农业现代化建设指明了前进方向，提供了根本遵循。新时代新征程，全面发力推进乡村振兴必须一体推进农业现代化和农村现代化。立足天府平原农业资源禀赋，加快农业"特""优"发展，推动农业及相关产业提质增效，把增值收益更多留给农民；推进以县城为重要载体的城镇化，持续推进农村人居环境整治提升行动，加快基础设施和公共服务向村覆盖、向户延伸，建设宜居宜业和美乡村，全方位推动农业农村高质量发展，稳步推进乡村全面振兴，向农业高质高效、乡村宜居宜业、农民富裕富足的目标不断迈进。

第五章

打造新时代更高水平的"天府粮仓"成都片区

民为国基，谷为民命，粮食安全是"国之大者"。习近平总书记强调："我们的饭碗必须牢牢端在自己手里，粮食安全的主动权必须牢牢掌控在自己手中。……一个国家只有立足粮食基本自给，才能掌握粮食安全主动权，进而才能掌控经济社会发展这个大局。"① 长期以来，中国坚持用大历史观来看待农业、农村、农民问题，坚持"以我为主、立足国内、确保产能、适度进口、科技支撑"的国家粮食安全战略，落实"藏粮于地、藏粮于技"，提出"谷物基本自给、口粮绝对安全"的新粮食安全观，加快推动树立大食物观，不断夯实大国粮仓根基。

粮食安全始终是治国理政的头等大事，保障国家粮食安全是一个永恒课题。党的二十大报告对粮食安全问题给予强烈关注，作出了"全方位夯实粮食安全根基，牢牢守住十八亿亩耕地红线，确保中国人的饭碗牢牢端在自己手中"的重要部署。2022 年，中国粮食产量达到创历史新高的 6.87 亿吨，粮食生产实现 19 年连丰，产量连续 8 年稳定在 6.5 亿吨以上，2022 年人均粮食产量 486 千克，超过 400 千克的国际公认粮食安全线。习近平总书记始终关切四川"三农"工作，多次

---

① 习近平：《论"三农"工作》，中央文献出版社 2022 年版，第 74 页。

作出重要指示，要求四川擦亮农业大省金字招牌，在新时代打造更高水平的"天府粮仓"，加快推动四川由农业大省向农业强省跨越。习近平总书记来川视察时，明确要求四川在推进乡村振兴上全面发力，精准把脉四川"三农"工作，为四川奋力推进农业农村现代化、建设农业强省提供了根本遵循和科学指引。

第一节　打造新时代更高水平的"天府粮仓"的要求特征

新时代下"天府粮仓"有了新的战略定位和内涵。从地理范围来看，新时代更高水平"天府粮仓"是以成都平原为中心，川南、川东北、川西北多点支撑而形成的。从全产业链视角来看，进入 21 世纪以来，"生产大省、流通大省、消费大省并存"是四川省粮食供需形势面临的新常态，"天府粮仓"是打破传统发展理念，围绕实现四川省粮食生产与供给的数量保障、质量保障等目标导向，实施科技创新增效、拓宽国土空间、完善粮食储备体系等一系列措施，全方位保障粮食全产业链的高质量供应。

一、新时代打造更高水平的"天府粮仓"的要求

（一）提出背景

当今世界形势千变万化，新时代四川要从国内外形势变化出发，立足于国家发展战略，进一步加快建设更高水平的"天府粮仓"。梳理我国农业发展成果，"三农"改革试点已经总结了许多宝贵的实践经验，党的十九大报告提出实施乡村振兴战略，这是我国农业农村制度发展重要的转折点。全面建成小康社会以来，中国现代农业基础不断

被夯实，农业结构不断优化，农业质量效益不断提高，这为农业高质量发展、更好地打造新时代更高水平"天府粮仓"提供了大好机遇。从局部视角来看，2019 年 12 月国家发展改革委等 18 个部门联合印发了《国家城乡融合发展试验区改革方案》，并公布在四川成都西部片区等 11 地建立试验区，2020 年国家提出推动建设成渝地区双城经济圈建设的重大策略，这也为推动打造新时代更高水平的"天府粮仓"提供了重大机遇。四川省作为全国 13 个粮食主产区之一、西部唯一产粮大省、粮食消费大省，应为保障全国粮食安全作出更多的贡献，推动治蜀兴川再上新台阶。

（二）新时代打造更高水平的"天府粮仓"的要求

新时代对建设"天府粮仓"提出了更高水平的要求。更高水平包含六层含义：一是粮食综合生产能力达到更高水平。从全国范围来看，四川省的平均土地生产率处于全国领先地位，成功打造了立足自身、辐射西南片区的粮食高战"样板区"。四川省粮食综合生产能力的提升对"天府粮仓"的建设有着推动作用，所以提高粮食综合生产能力是打造更高水平的"天府粮仓"的必行之路。二是耕地建设质量达到更高的水平。耕地质量的提升对于"天府粮仓"的建设有着重要意义。我国耕地质量在不断提高，但是耕地质量先天不足，水土资源匹配不协调等问题仍然存在。完善耕地保护机制，将永久基本农田逐步建成能排能灌、宜机作业、旱涝保收、稳产高产的高标准农田，这是有效解决农业"靠天吃饭"的问题的关键任务。三是科技和机械装备达到更高的水平。科技是核心竞争力，生物育种水平和粮食优良品种是农业科技的关键，科技技术的提高是建设"天府粮仓"的必经之路。同时主要农作物耕种收综合机械化水平的大幅提升，会很大程度地提高农业效率。四是绿色低碳发展达到更高的水平。实现土地和水资源高效集约节约利用，大幅度降低化肥和农药使用量，逐步形成种养业良性循环,不断打造绿色低碳发展的"天府粮仓"。五是规模化经营达到更高的水平。建立以种粮大户、家庭农场、农民合作社等为主,社会化专业化服务体系为支撑的现代农业经营服务体系。耕地集中连片经营面积不断提高。六是产业体系达到更高的水平。逐步实现农业从种养环节向农产品加工流通等二三产业延伸,建设产业体系更加完善的"天府粮仓"。

打造更高水平的"天府粮仓"就是要打造成更高质量、更强支撑、更有保障、更可持续的"天府粮仓",为四川省乃至全国的粮食安全和农业发展作出更大贡献。

二、新时代打造更高水平的"天府粮仓"的特征

随着农村经济体制改革的不断深化,农业经营方式正处于转型之中,这是实现农业农村现代化的必由之路。"天府粮仓"作为西部地区粮食生产大省,要具备要素更集约化、结构更均衡化、功能更多样化、链条更综合化、发展更生态化等五大主要特征,推进农业发展的现代化进程。

(一)要素更集约化

要素集约化是指在农业生产中,投入较少的生产要素,主要通过利用农业技术和生产加工设备等,实现生产力的大幅提升。要在保障粮食安全的基础上,满足人民的多样化需求,农业发展就必须走可持续集约化发展道路,在提升农业生产效率的同时协调处理好人与自然、农业与自然的关系。目前来看,虽然中国在一定时期内仍是以家庭经营为主,但规模经营的发展也相当重要,以适度规模经营为基础,集中投入较少要素,再合理且充分利用现代设施与设备,不断提升科技农业的投入与研发,就能进一步推进要素更集约化。要素更集约化的

"天府粮仓"可以一定程度上缓解劳动力等资源要素的投入、协调方面的问题，并在生态化、可持续化发展的基础上实现生产力的提高。

（二）结构更均衡化

农业结构是指农业生产过程中形成的各产业、产品等的构成及其比例，是农业资源的生产要素在农业领域的分配比例。面对社会老龄化日益严重、劳动力流失等问题，对农业结构进行调整使其更均衡化，有利于推动"天府粮仓"的发展更加适应消费者的需求、适应国家战略的要求变化。更均衡地发展农、林、牧、渔业，调整其在农业生产中所占比例，合理分布农业区域布局，协调农产品生产、加工、储藏、运输、流通等环节，将成为新时代更高水平"天府粮仓"的一大显著特征。

（三）功能更多样化

功能更多样化在广义上包含农业的经济、政治、社会、生态与文化功能的多样化，狭义上指粮食功能的多样性。新时代的"天府粮仓"必须满足人民对美好生活的需要以及对食物的多样化需求，建设一个功能更多样化、更能适应新时代的高水平粮仓。一是要丰富其产业内容，在大力提升农业经济功能的同时，协同发展旅游农业、休闲农业等产业；二是要基于大食物观，推广营养结构多样化的健康消费模式，建立新型粮食消费体系，在经济、政治、社会、生态、文化等方面全方位保障人民的需求。

（四）链条更综合化

链条更综合化是指农业发展的产业从片面的生产收储环节转向涵盖生产加工全过程的全产业链。全产业链一般由产品链、价值链、创新链、资金链、信息链、组织链构成。链条更综合化可以平抑农业经营风险，不断提升农业附加值。新时代的"天府粮仓"需紧抓当前农业供给侧结构性改革的政策优势，弥补传统农业经营的竞争短板，在快速推进农业产业链整合的同时，突出天府特色，在农业自然资源具有共生性和整体性的基础上，充分协调利用自然资源，发展优势链条，补齐劣势链条，强化弱势链条，适当延长整体链条，打造加工、仓储、流通全链条产业融合模式，推动新时代更高水平的"天府粮仓"再上新台阶。

（五）发展更生态化

发展更生态化是指坚持贯彻新发展理念，在发展经济效益的同时，充分协调自然环境资源，走可持续发展的道路，维持人与自然的持久平衡。"坚持人与自然和谐共生"是新时代发展的基本要求，为农业生态化发展指明了方向。推进新时代农业生态化发展，必须践行"绿水青山就是金山银山"的理念，坚持节约资源和保护环境的基本国策，因此发展更加生态化成为"天府粮仓"建设过程中不可或缺的特征之一。在乡村振兴大背景下，完善生态补偿标准、把握好农业生态效率这一衡量农业生态化发展水平的基本指标、探寻人与自然共生之路，有利于推进"天府粮仓"的可持续发展，助力区域乡村振兴。

第二节　打造新时代更高水平的"天府粮仓"的现实困境

一、粮食播种面积难保障

粮食的播种面积是保障粮食供给能力稳定的重要支撑点，但在现有基础设施和技术条件下，我国粮食播种面积仍然存在逐渐减少的情况，我国耕地资源很难保障。近年来我国采取了一系列措施，通过耕地"非粮化"腾退工作、高标准农田建设来增加耕地资源，但在基础设施建设、城市化和工业化发展等需求快速增加的背景下，新增耕地难度较大。我国现阶段由于耕地后备资源不足和生态红线的制约，导致耕地呈净减少态势。一是"腾退耕地"复耕复垦困境较大。大量良田沃土的持续减少对粮食生产形成巨大的"挤出效应"，通过增加耕地面积从而增加粮食播种面积的空间极其狭小。二是出现"非粮化"倾向。当粮食种植面积小于 500 亩时，较难产生可观的经济效益。尤其是对于新增恢复耕地而言，腾退补贴以及苗木变卖所带来的收益，远低于前期投入，对于普通农户而言，发展经济作物能够带来更可观的收益，从而导致退林还稻腾退存在较大阻力，这导致"非粮化"趋势不仅没有逆转反而呈增长趋势。三是抛荒地日益增加。土地的长期抛荒会对土地的生产能力造成损坏，这对利用抛荒地增加粮食供给能力带来了较大阻碍。四川省许多地区存在土地分散的情况，这会导致种粮成本的大大提高，这也导致抛荒地数量增多，使"藏粮于地"战略效果大打折扣。而且，除了显现抛荒之外还有粗放化经营等导致的隐性抛荒，一些农户甚至形成"土地是我的，我想种什么就种什么""我想种就种，不想种就不种"的错误认知，对保护耕地、保障粮食安全极为不利。

二、粮食生产技术自立自强能力不足

粮食生产技术在提高粮食生产能力、实现粮食安全中居于核心地位。现代粮食生产技术主要包括现代化种植技术、良种培育技术、粮食储藏加工技术和化肥农药技术等，现阶段我国种质创新仍有欠缺，育种技术相对滞后，这些"卡脖子"的生产技术如果不能牢牢掌握在自己手中，就很难提高我国粮食生产能力，会让我国粮食安全处于被动局面。种子是农业生产的源头，抓好种质安全对我国粮食安全有着重要意义。良种技术处于粮食生产技术的基础地位，利用好现有种质资源，培育突破性新品种，需要核心基因技术的支撑。目前我国在基础理论研究领域和育种技术创新方面在不断突破，但是在种质资源规模化、精准化鉴定系统化、挖掘优异关键核心基因等方面的自主创新能力与发达国家相比仍有欠缺。

三、种粮主体生产能力弱化

一是小规模粮食生产模式难以产生良好的经济效益。以农户为主体的分散粮食种植模式会产生较高的种植成本，很难形成规模经济效益，导致农户的种粮积极性不高，很难提高粮食生产效率。二是种粮主体日益"老龄化"。现阶段，从事农业生产收益较低，中青年劳动力不愿意从事农业生产工作，大量劳动力流入城镇，真正从事粮食生产工作的劳动力年龄集中在 45 岁以上，这也导致了农业生产效率提升较为困难，很多现代科技难以推广。三是农民种粮意愿较低。种粮生产周期较长，相较于经济作物种植，收益较低。虽然近年来实施了一系列粮食生产补贴政策，但是对于粮农来说，不断提高的粮食生产成本会抵消补贴效益。这是导致粮农种粮意愿下降的直接原因。

第三节　如何打造新时代更高水平的"天府粮仓"成都片区？

一、"藏粮于地"，守住耕地红线确保粮食供给

耕地是实现粮食有效供给和粮食安全的根本保障。一是要加强耕地保护与建设。加强耕地保护是国策，要实行严格的耕地保护制度，健全耕地保护长效机制，守住耕地这个粮食安全的命根子，需要各级

政府压紧压实耕地保护责任，厘清各级职责，实行全过程管理，牢牢守住 18 亿亩耕地红线，留足粮食生产空间，坚决整治乱占乱用，破坏耕地等违法行为，加强耕地保护，确保耕地数量有保障，质量有提升。二是加强高标准农田建设。努力将具备水利灌溉条件地区的耕地建成高标准农田，是提高耕地质量，提升粮食生产效率的有效途径。积极推进农田水利灌溉建设，整治土壤污染、减少农业污染，提高耕地投资水平，加大高标准农田建设投入和保护力度，努力达成永久基本农田全部建成高标准农田的目标，不断完善健全国家粮食安全产业带体系建设，推动产业融合发展。三是要严格管控耕地用途。想要达成永久基本农田全面建成高标准农田的目标，需要加强对耕地用途的管控，严格控制耕地占补平衡和进出平衡，做好耕地规划，优化耕地比距，增加有效耕地面积，由各级基层党委、政府和农村集体经济组织统筹开展土地综合治理。

二、"藏粮于技"，提供技术支撑夯实粮食供给

科技是第一生产力，粮食安全的保障离不开科学技术的支撑，尤其是现阶段我国面临耕地面积减少、粮食供给需求增多的情况，科技投入是解决供需平衡的关键。

第一，强化粮食产业科技和装备支撑。要推动科技和改革双向前进：首先需要增加粮食产业的科技投入。农业生产全程机械化改革势在必行，农田改造、农技推广的完成需要政府提高对粮食产业的科技投入和资金保障。能够在丘陵地区实现在全程机械化保障的技术上进行播种、施肥等环节，实现降低生产成本、提升质量效率的粮食生产方式，必须大力发展农机农械制造推广，不断推进农业机械化现代化水平。建立完善的农技服务体系，加强农技培训力度，拓宽农业机械化覆盖面，能够在现阶段有效提高粮食供给效率。其次需要加大现代

核心技术的攻关力度，现代科技覆盖粮食生产的各个环节，将现代技术应用在粮食种植、加工、销售、流通等全产业链环节中，创新发展高校的生产技术能够促进粮食绿色生产提高效率。

第二，大力发展种业技术，保障种质安全。科技兴农，良种先行，种子是质量安全的源头。种质资源的创新和利用，是发展种业技术的核心方向。运用现代基因技术，选育突破性品种，尤其是围绕水稻、玉米、小麦等品种，通过转基因技术实现绿色高效、抗病抗逆、优质高效生产。努力在生物行装测定、基本组编辑、高效单倍体诱导与加倍等方向实现突破性进展。同时对种质资源库的建设也需要进一步加强，在推动育种产业发展的同时，逐步形成种质资源保护制度，更新与完善我国种质资源库，在严格管控、尊重科学的前提下，将优质种子推入市场，保障育种安全，确保粮食安全。

第三，要大力发展智慧农业和数字乡村。想要突破绿色安全工业生产技术的瓶颈，可以通过发展智慧农业，将互联网、物联网、人工智能等现代信息技术运用到粮食全产业链中，深入推动农村一二三产业融合，降低成本，实现粮食有效供给。推进数据整合。加快国家农业遥感应用与研究中心建设，搭建应用农业农村大数据平台。制定农业统计工作管理办法，健全数据安全制度体系。完善农产品市场监测预警体系。常态化开展农业及相关产业增加值统计核算。创新数字技术。实施数字农业建设项目，建设一批数字农业创新中心、数字农业创新应用基地，协同推进智慧农业关键核心技术攻关。制定加快推进数字乡村及智慧农业发展的指导意见。拓展应用场景。认定一批农业农村信息化示范基地，打造一批智慧农（牧、渔）场。深入推进数字乡村建设试点。

三、"藏粮于民"，确保种粮能力稳定粮食供给

国家要求抓紧粮食安全，但种粮收益相对其他产业来说效益偏低，

如何提高粮农的种粮能力和种粮积极性，对确保粮食的有效供给至关重要。想要提高粮农的种粮积极性，就需要改变现阶段散农种植的方式，充分提高农户在高标准农田建设中的积极性，充分发挥土地股份合作社、家庭农场等农业经营主体的带动作用，让小规模的家庭生产转变为规模化经营，提高科技应用效率，形成产业化经营大模式，从而提高粮食供给效率。通过宣讲、培训等方式让农户充分了解建设高标准农田的优势以及项目推进情况，加大补贴力度，鼓励农户自主自愿加入项目建设。在提高粮户的种粮能力方面，可以通过引进农业专家、技术带头人、农业职业经理人等人才，通过分批分阶段培训，根据粮食生产情况，对农户进行先进农业生产技术培训，让农户学习科学合理的耕作方式，坚持用地养地相结合，加强有机肥的正确使用，保护土壤提高耕地力，并进一步提高粮食生产效率。

第六章

学习"千万工程"经验，推进宜居宜业和美乡村建设

党的二十大吹响了新时代新征程全面推进乡村振兴的号角，开启了建设宜居宜业和美乡村新篇章。习近平总书记来川视察时指出，要在推进乡村振兴上全面发力，学习运用浙江"千万工程"经验，聚焦小切口，锲而不舍、久久为功。"千万工程"是习近平同志在浙江工作时亲自谋划、亲自部署、亲自推动的一项重大工程。20年来，"千万工程"锲而不舍深入推进、与时俱进迭代升级、内涵范围不断拓展，造就了万千美丽乡村，壮大了万千乡村产业，造福了万千农民群众，探索出一条从整治农村人居环境入手，进而全面推进乡村振兴、促进共同富裕的成功路径，展现出强大的生命力和引领力。作为中国式现代化的乡村样本，"千万工程"蕴含科学方法，彰显实践伟力。学习好、运用好浙江"千万工程"经验重在实践，贵在转化。习近平总书记多次对学习运用"千万工程"经验作出重要指示批示，从战略和全局高度明确了学习运用"千万工程"经验的原则要求、目标任务、方法路径和着力重点，为新时代做好"三农"工作特别是推进宜居宜业和美乡村建设提供了根本遵循。

站在构建新型城乡关系的窗口期，学习运用浙江"千万工程"经验建设宜居宜业和美乡村是成都着眼乡村发展难点打出的重要一拳。四川省委十二届四次全会专题研究以县域为重要切入点扎实推进城乡

融合发展问题，其中一项重要内容就是学习运用浙江"千万工程"经验、推进宜居宜业和美乡村建设。学习运用"千万工程"经验、建设成都市宜居宜业和美乡村，是实现农业农村现代化的基础工程、推进城乡融合发展的龙头工程、助力美丽四川建设的生态工程、促进共同富裕的民心工程，对于推进乡村全面振兴、助推新时代新征程四川省现代化建设，具有十分重大的意义。

第一节　"千万工程"的基本内涵和发展历程

一、"千万工程"的基本内涵

2003 年，时任浙江省委书记的习近平同志在广泛深入调查研究基础上，立足浙江省情农情和发展阶段特征，准确把握经济社会发展规律和趋势，作出了实施"千村示范、万村整治"工程（以下简称"千万工程"）的战略决策，在浙江近 40000 个村庄中选择 10000 个左右的行政村进行全面整治，把其中 1000 个左右的中心村建设成全面小康示范村，并以此为龙头，深入推进社会主义新农村建设。20 年来，浙江持之以恒实施"千万工程"，从"千村示范、万村整治"到"千村精品、万村美丽"再到"千村未来、万村共富"，造就了万千美丽乡村。2018 年 9 月，联合国将最高环境荣誉——"地球卫士奖"授予浙江"千万工程"。2021 年 11 月，中共中央办公厅、国务院办公厅印发《农村人居环境整治提升五年行动方案（2021—2025 年）》，要求"深入学习推广浙江'千村示范、万村整治'工程经验"。

浙江历届省委、省政府按照习近平总书记的战略擘画和重要指示要求，顺应形势发展和实际需要，持续深化"千万工程"。20 年来，整治范围不断延伸，从最初的 10000 个左右行政村，推广到全省所有行政村；内涵不断丰富，从"千村示范、万村整治"引领起步，推动乡村更加整洁有序，到"千村精品、万村美丽"深化提升，推动乡村更加美丽宜居，再到"千村未来、万村共富"迭代升级，强化数字赋能，逐步形成"千村向未来、万村奔共富、城乡促融合、全域创和美"的生动局面。可以说"千万工程"是浙江乡村从环境破败农村向百姓安居乐业乡村转变的最好见证。正是因为"千万工程"的持续发力，浙江乡村才有了翻天覆地的变化。其中最直接、最显著、最持久的变化就是人居环境的改变。正是这一改变进而触发农村公共服务、生态环境、特色产业、民风民俗、农民收入等一系列变化，并不断产生更多的正面效应。比如，随着"千万工程"的不断迭代升级，"村庄文化礼堂""污水革命""垃圾革命""厕所革命""未来乡村"等新词逐渐出现在大众视野，乡村治理体系和治理能力现代化也不断提升。由此可见，"千万工程"不仅是人居环境村容村貌改造工程，还是产业兴旺共富工程、乡风文明培育工程、治理有效发展工程、生态宜居民心工程、生活富裕惠民工程，更是助推城乡融合发展，化解城乡二元对立格局矛盾的龙头工程。

经过 20 多年的"千万工程"建设与深化，许多传统落后的村庄由此拓展了更多的发展空间。不仅包括乡村居民生存空间的拓展，还包括乡村本身发展空间的拓展。比如，整治后的村庄以抱团发展方式形成整体效应，推动乡村文旅业产业蓬勃发展。这一改变，丰富了农村的产业形态，使浙江乡村在一二三产业融合发展中实现宜居宜业宜游，也使新时代乡村发展走出了一条新路。"千万工程"的实践成效证明，乡村的发展既要遵循先天自然发展规律，也要注重后天人文经营，以文旅产业蓬勃发展之势推进"千万工程"向纵深发展。文旅融合发展理念也成为浙江乡村发展的重要共识和趋势。浙江"千万工程"在乡村人居环境、公共服务、产业发展等方面所带来的直接或间接的效应，反映在广大乡村居民身上。其中最直接的反映就是生活环境的改善、生活水平的提高和个人与家庭收入的不断增长。2022 年，浙江农村常住居民人均可支配收入达 37565 元，连续 38 年居全国省区第一。

二、"千万工程"的发展历程

2003 年 6 月，在时任浙江省委书记习近平同志亲自擘画下，浙江省启动"千万工程"，开启了以改善农村生态环境、提高农民生活质量为核心的村庄整治建设大行动。20 多年来，"千万工程"不断升级迭代，从 1.0 版升级到 4.0 版，展现出强大的生命力（见表 6-1）。

表 6-1　浙江省"千万工程"演化历程

历程	开始时间	目标任务	配套支撑	主要抓手
1.0 版	2003 年	从全省选择 10000 个左右的行政村进行全面整治，把其中 1000 个左右的村建成全面小康示范村	千村示范、万村整治	以农村生产、生活、生态的"三生"环境改善为重点，以改善农村生态环境、提高农民生活质量为核心的村庄整治建设大行动
2.0 版	2011 年	"四美三宜两园"	千村精品、万村美丽	推进农村生态人居体系、农村生态环境体系、农村生态经济体系和农村生态文化体系建设，建设美丽乡村
3.0 版	2016 年	"两美浙江"	美丽乡村建设	《浙江省深化美丽浙江建设行动计划（2016—2020 年）》，美丽乡村建设从"一处美"向"一片美""全域美"拓展，大力发展美丽经济，以实现环境美与产业美、自然美与人文美、形态美与制度美相统一，打造美丽乡村升级版

续表

历程	开始时间	目标任务	配套支撑	主要抓手
4.0版	2021年	共建共享全域美丽大花园	千村未来、万村共富、全域和美	《浙江省深化"千万工程"建设新时代美丽乡村行动计划（2021—2025年）》全面实施新时代美丽乡村"六大行动"，到2025年，基本建成具有"国际范、江南韵、乡愁味、时尚风、活力劲"浙江气质的美丽乡村

（一）第一阶段：千村示范、万村整治（2003—2010年）

2003年，1.0版"千村示范、万村整治"从人居环境整治入手，以环境变革触发生态变革。以农村生产、生活、生态的"三生"环境改善为重点，在全省大力实施"千村示范、万村整治"工程，明确要求，用5年时间，全面整治全省10000个左右的行政村，建成全面小康示范村1000个左右。2003—2008年，浙江省结合乡村实际情况，陆续出台村庄分类整治、环境建设、部门协同、资金补助等系列举措，有力推进了浙江省新农村建设的启动发展（见图6-1）。先后根据不同的整治目标（以提升物质、精神、政治文明为目标）和整治内容（以治理农村"脏、乱、散、差"为重点），将实施整治的村庄划分为示范村和环境整治村。

在前期乡村基础整治后，2008—2010年，以农村生活环境的全面整治为工作重点，着眼于城乡统筹发展和城乡公共服务均衡化，全面改善农村人居环境（见图6-2）。将所涉行政村划分为待整治村与已整治村两大类，待整治村主要进行农村环境综合整治，已整治村重点实施生活污水治理，并以农村土地整理为共同目标，由此全面提升乡村人居环境。

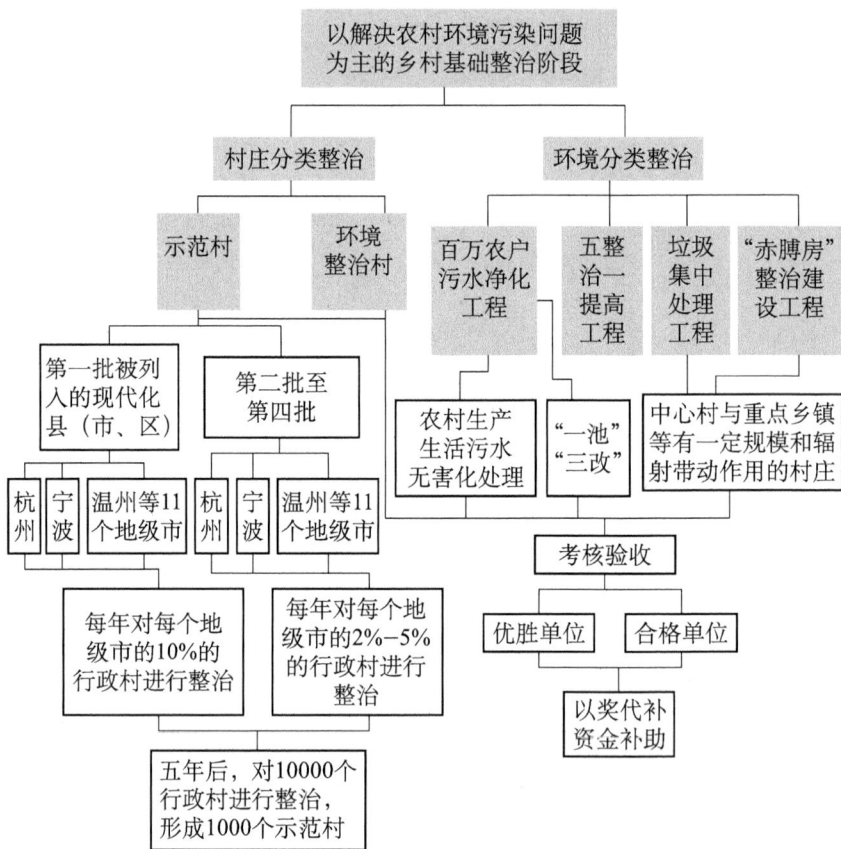

图6-1 浙江省"千村示范、万村整治"阶段框架图①

（二）第二阶段：千村精品、万村美丽（2011—2020年）

2011年，浙江省在"千村示范、万村整治"工程的基础上，开始实施2.0版美丽乡村建设，出台《浙江省美丽乡村建设行动计划（2011—2015年）》。这一时期的乡村建设以"四美三宜两园"（分别指科学规划布局美、村容整洁环境美、创业增收生活美、乡风文明身心美，宜居、

---

① 参见武前波、俞霞颖、陈前虎《新时期浙江省乡村建设的发展历程及其政策供给》，《城市规划学刊》2017年第6期。

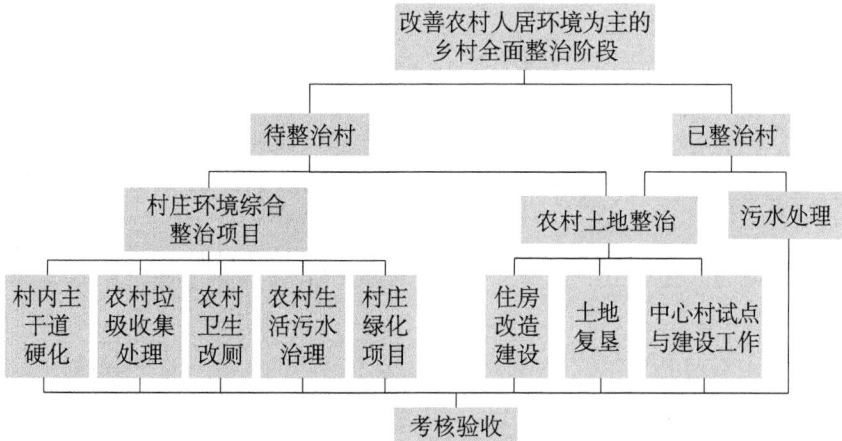

图6-2　浙江省乡村全面整治阶段框架图①

宜业、宜游，农民幸福生活的家园、城市居民休闲旅游的乐园）为新要求，力争到2015年，全省70%左右县（市、区）达到美丽乡村建设工作要求，60%以上的乡镇开展整乡整镇美丽乡村建设。美丽乡村以生态文明建设为主要目标，以待整治村环境综合整治、中心村建设、历史文化村落保护与利用为重点建设内容，并设专项补助作为资金支持。其中，生态文明建设着重强调保护本地自然生态环境，尊重本地优良民风民俗。这种划分既保护了乡村的传统美又增加了乡村的现代美。资金支持因地施策、精准对接。其中，经济发达地区每个县（市、区）高达5000万元，经济欠发达地区的县（市、区）达2000万元（见图6-3）。同时，浙江省将中心村的培育建设划分为一般中心村和重点示范中心村，根据区位、经济水平等差异注重发展布局与投入各有侧重。坚持环境整治与文化保护并重，立足外在整治基础，着重提升乡村内在品质。

---

① 参见武前波、俞霞颖、陈前虎《新时期浙江省乡村建设的发展历程及其政策供给》，《城市规划学刊》2017年第6期。

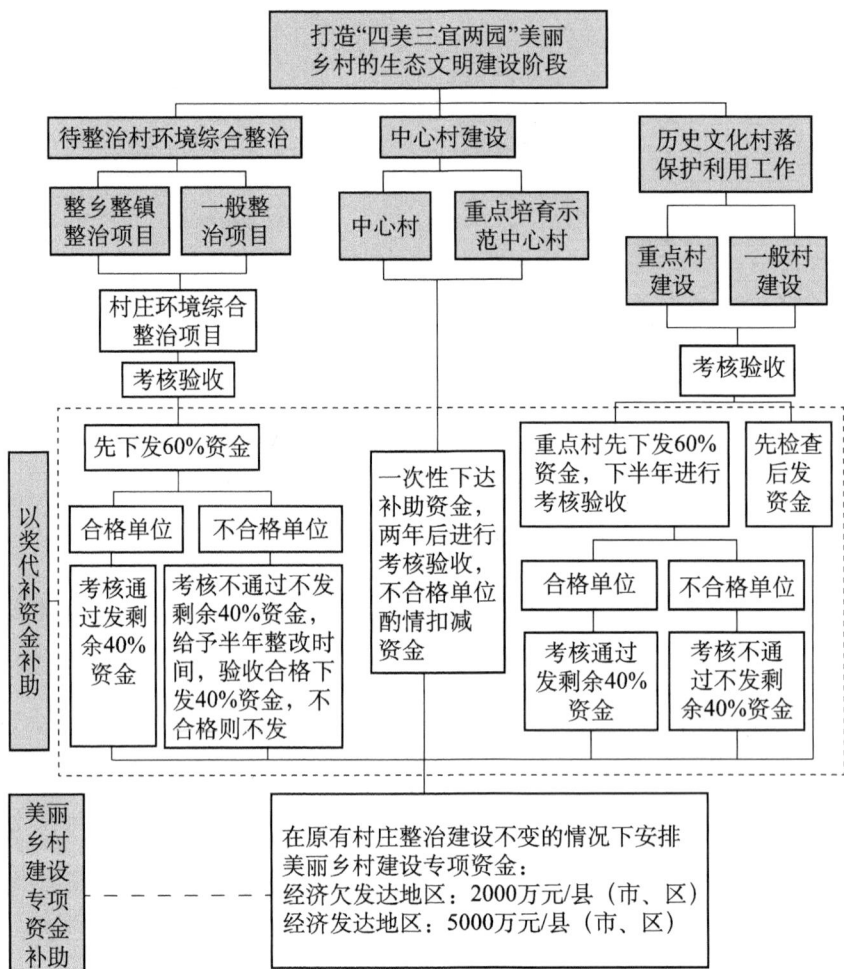

图 6 - 3 浙江省美丽乡村建设阶段框架图①

"两美浙江"建设是"千村示范、万村整治"的 3.0 版。2016 年，浙江省出台《浙江省深化美丽浙江建设行动计划（2016—2020 年）》，按照"产村人"融合，"居业游"共进的理念，全面深化改革，加快转变农业发展方式，促进集体经济发展，打造整洁田园，规范农家乐发

---

① 参见武前波、俞霞颖、陈前虎《新时期浙江省乡村建设的发展历程及其政策供给》，《城市规划学刊》2017 年第 6 期。

展，完成农村"三权"确权登记颁证等，力争到 2020 年，将全省 1/3 以上的县（市、区）培育成为美丽乡村示范县，并创建一批美丽乡村示范乡镇、特色精品村。2017 年，浙江省第十四次党代会提出继续深入推进美丽乡村建设，作出推进万村景区化建设的新决策，到 2020 年累计建成 10000 个 A 级景区村庄和 1000 个 AAA 级景区村庄，并以"五万工程"（万家新型农业主体提升、万个景区村庄创建、万家文化礼堂引领、万村善治示范、万元农民收入新增）为主抓手，全面实施乡村振兴战略"五大行动"（图 6-4）。

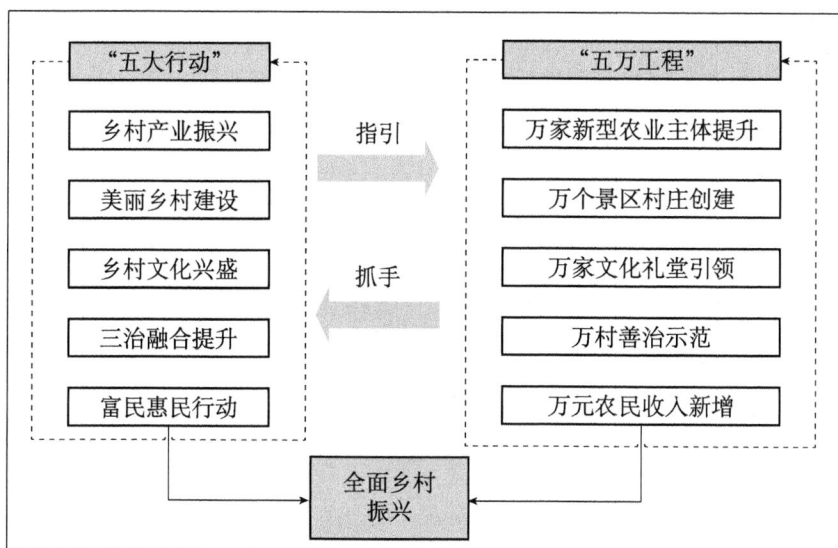

图 6-4 浙江乡村建设的"五大行动"和"五万工程"

（三）第三阶段：千村未来、万村共富（2021 年至今）

2021 年起，"千万工程"升级到 4.0 版，步入"千村未来、万村共富"迭代升级新阶段，《浙江省深化"千万工程"建设新时代美丽乡村行动计划（2021—2025 年）》提出，构建"千村未来、万村共富、全域和美"乡村振兴新格局。重点是提升乡村产业匹配度、基础设施完备度、公共服务便利度、城乡发展融合度。2022 年，浙江省人民政府办公厅发布的《关于开展未来乡村建设的指导意见》提出，以习近平新时代中国特色社会主义思想为指导，深入实施乡村振兴战略，以党建为统领，建设"人本化、生态化、数字化"为价值导向的未来乡村，达到乡村主导产业兴旺发达、乡村主体风貌美丽宜居、乡风文化繁荣兴盛的总目标要求。同年，浙江省相继确定了 378 个未来乡村建设试点村，预计到 2025 年全省建设 1000 个以上未来乡村，要求有农村区域的县（市、区）每年开展 1～3 个未来乡村建设。未来乡村建设的 5 个场景要素分别是主体要素（个人和组织）、环境要素（邻里和设施）、信息要素（数字和智慧）、活动要素及目标要素（乡村振兴和共同富裕）。这标志着未来乡村建设正式成为新时期乡村建设的重要抓手，开启各具特色的"未来乡村"探索实践，不断丰富浙江省乡村建设模式，逐步形成"千村引领、万村振兴、全域共富、城乡和美"新画卷。2023 年起，浙江提出新型城镇化和乡村振兴"双轮驱动"，把提高县城承载能力与深化"千万工程"结合起来。"千村未来、万村共富"堪称中国式现代化在"三农"领域的"先声"。

从"千村示范、万村整治"，到"千村精品、万村美丽"，再到"千村未来、万村共富"，"千万工程"的内涵之变，折射出浙江乡村发展的需求之变。加快建设宜居宜业和美乡村，"千万工程"正承担起乡村全面振兴、推动共同富裕、重塑城乡关系的新使命。"千万工程"践行新发展理念，以深化改革促进农业农村现代化，为中国式现代化的乡村振兴之路提供了规律性认识和科学性启发。历经二十载，浙江持之以恒、锲而不舍、久久为功，通过"千万工程"造就万千美丽乡村，惠及万千农村人口，成效显著，影响深远。"千万工程"已经成为推广全国的经验，为破解城乡差距、推动城乡高水平共同富裕，提供可供参考的实践案例。

第二节 深刻领悟"千万工程"的价值意蕴

"千万工程"从省域层面对如何有效破解"三农"问题，打破城乡二元结构问题，进行了卓有成效的理念重塑、模式重塑和制度重塑，蕴含着独特的系统观、发展观、价值观、文明观和生态观，是结合中国实际和时代特征探索中国式现代化理论的重大创新和生动实践，在我国城乡发展史上具有里程碑式的重大意义，是习近平新时代中国特色社会主义思想在浙江萌发与实践的重要标志性成果。

一、指明了建设现代乡村的目标方向

习近平总书记站在中华民族伟大复兴战略全局的高度，从大历史观的视角，指出"民族要复兴，乡村必振兴"，并在党的十九大报告中创造性地提出实施乡村振兴战略。"千万工程"找到了有效破解城乡二元结构、城乡分割的体制机制障碍的金钥匙，推动新农村建设与城镇化实现双轮驱动，形成以城带乡、以工促农、城乡互促共进的发展格局。同时，"千万工程"秉持"绿水青山就是金山银山"理念，推动农村地区将"生态资源"转化为"生态资本"，将"生态优势"转化为"经济优势"，在人与自然和谐共生中实现美丽生态、美丽经济、美好生活的有机融合。

二、开辟了城乡共同富裕的有效路径

习近平总书记指出："我们说的共同富裕是全体人民共同富裕，是人民群众物质生活和精神生活都富裕。"[1]"千万工程"充分彰显以人民

---

① 《习近平著作选读》第二卷，人民出版社 2023 年版，第 501 页。

为中心的发展思想，率先求解"城乡差距"这个共同富裕的普遍性难题，从浙江千百万农民群众的切身利益出发，把增进广大农民群众的物质利益、政治利益、文化利益作为工作的出发点和落脚点，努力改善农村生产生活条件，提高农民的生活质量和健康水平，积极探索走向共同富裕的道路，使广大农民有更多获得感、幸福感、安全感。通过推进农民共同富裕，有效激活农村广阔的消费市场，为强大国内市场提供有力支撑，为构建新发展格局筑牢基础。

三、找到了现代乡村治理的核心抓手

习近平总书记强调："加强和改进乡村治理，要以保障和改善农村民生为优先方向，围绕让农民得到更好的组织引领、社会服务、民主参与，加快构建党组织领导的乡村治理体系。"[①] 推进乡村治理体系建设是实现乡村全面振兴、巩固党在农村执政基础、满足农民群众美好生活需要的必然要求。"千万工程"把农村文明村、文化村、卫生村、民主法治村建设紧密结合起来，推动美丽乡村建设从"风景美"向"风尚美"转型，极大地改善了党群关系、干群关系、邻里关系。同时，创新提质乡村数字经济，积极运用现代数字技术与乡村生产生活生态全面融合，统筹推进农村土地制度、农村产权制度、户度、"三位一体"农民合作经济等农业农村重点改革，推动美丽乡村从"形态美"迈向"制度美"。

四、赋予了乡村文明传承的创新内涵

习近平总书记高度重视赓续农耕文明，强调要"把我国农耕文明优秀遗产和现代文明要素结合起来，赋予新的时代内涵"[②]。"千万工

---

① 习近平：《论"三农"工作》，中央文献出版社 2022 年版，第 17 页。
② 习近平：《论"三农"工作》，中央文献出版社 2022 年版，第 254 页。

程"不仅仅是环境革命，还是一项文化工程，从最早的"送文化""种文化"，到 2013 年为顺应农民群众日益增长的精神文化需求和农村文化发展实际，浙江省委、省政府提出打造农村文化礼堂，通过文化引领实现"心灵美"，截至 2022 年底，浙江省农村文化礼堂已经实现 500 人以上行政村全覆盖。按照"文化礼堂、精神家园"的定位，推动教育教化、乡风乡愁、礼仪礼节、家德家风、文化文艺"五进"礼堂，使文化礼堂成为农村"文化地标"、农民"精神家园"，让浙江乡村不仅美在山水生态、村容村貌，更美在乡风文明、人文内涵。

五、贡献了乡村持续发展的中国方案

"千万工程"探索于浙江，走向全国，并在国际上产生了巨大反响，为世界提供了习近平生态文明思想的浙江样本。"千万工程"有效破解了如何改善乡村环境治理、推进生态文明建设的世界性难题，让环境保护与经济发展同行。"千万工程"面向广大农民，推动广大农民共享现代化成果，推进农业农村现代化，为实现人口规模巨大的中国式现代化提供基础性支撑。作为世界上最大的发展中国家，中国以自身的努力，既着眼于中华民族永续发展，又着眼于人类文明的共同未来，为实现联合国可持续发展愿景作出突出贡献和示范，"千万工程"成为人类生态文明建设史、现代化发展史上的一个伟大创举。

学习借鉴"千万工程"实践经验关键在于把握其活的灵魂和精髓要义，并贯穿到宜居宜业和美乡村建设的实践中。一是要准确把握蕴含其中的发展理念。坚持生态优先，绿色发展。在改造中注重生态保护，使万千乡村在现代化发展进程中仍不失绿色底蕴。坚持内外兼修，推动物质和精神协调发展，在发展中注重对文化的保护传承，使得精神文明深入人心。二是要准确把握蕴含其中的科学方法。坚持因地制宜、分类施策，注重突出本地特色，有效避免村庄的同质化，让万千乡村各美其美、美美与共。三是要准确把握蕴含其中的人民思想。坚持以人为本，注重将人民群众急难愁盼问题与乡村阶段发展目标有效衔接，充分激发群众积极性和创造性，让农民群众有更多的参与感、安全感、获得感、幸福感。要准确把握蕴含其中的战略定力。坚持一以贯之、一张蓝图绘到底，注重发挥"1＋N"机制效应，既注重集中力量解决核心问题又注重持续推进长期规划，使"千万工程"持续发力、久久为功。四是要准确把握蕴含其中的系统思维。坚持统筹兼顾、协调推进，结合乡村实际，充分遵循乡村发展规律，以中心村发展带动相邻区域发展，使组团发展成行成势，有力推动城乡融合发展。五是要准确把握蕴含其中的强大领导力。坚持党的领导，以党建引领为重要抓手，凝聚基层多元力量，为千万乡村发展提供强有力的人才支撑。

第三节　如何以"千万工程"推动成都宜居宜业和美乡村建设？

习近平总书记来川视察时指出，要学习运用浙江"千万工程"经验，聚焦小切口，锲而不舍、久久为功。如何从浙江"千万工程"学经验推动宜居宜业和美乡村建设则是未来成都推动现代都市与大美乡村融合发展的重要基础。"千万工程"之所以能够在全国起到示范效应、在国际上得到充分认可，根本就在于根植其中的精髓要义贯通历史、现实和未来，链接浙江、中国和世界。毋庸置疑，浙江"千万工程"所蕴含的理念和方法对成都建设"宜居宜业和美乡村"有十分重要的经验启示。

一、坚持生态优先，擦亮乡村底色

（一）发展理念与发展方式同步转变

从浙江"千万工程"的建设成效，不难发现，生态发展是其产业兴旺的最大前提。"千万工程"将"两山"理念贯穿于各项工作任务，坚持生态优先和可持续发展，使绿色发展和经济发展相互赋能。21世纪初，浙江乡村经济发展迅速但"脏、乱、差"环境问题却日益突出。对此，"千万工程"以整治环境问题为先手棋，从垃圾收集、村内道路硬化、卫生改厕、河沟清淤、农房改造、农村公共设施建设等方面实施生态修复，最终实现从"千村示范、万村整治"到"千村精品、万村美丽"再到"千村未来、万村共富"的迭代蝶变。"千万工程"实施前后农村面貌的鲜明反差、生产生活的巨大变化，根本上反映的是发展理念的变革、发展方式的转变。

应注重发展理念与发展方式的同步转变。宜居宜业和美乡村基本内涵之一就是"农村要逐步基本具备现代生活条件"。尤其对村居环境提出"农村人居环境持续改善，卫生厕所进一步普及，生活垃圾和污水得到有效处理，农村生态环境逐步好转，绿色生产生活方式深入人心"的要求。当前，我国农村生态环境，包括空气、水、土壤等各方面仍不乐观。例如，当下农村近八成地区生活用水存在不同程度的污染；生活污水、禽畜养殖粪污排放较为分散；农膜丢弃污染环境现象严重；秸秆焚烧现象仍然存在；生活垃圾乱丢现象较为频繁。要解决这些问题，需持续坚持以新发展理念为统领，正确处理发展速度和质量、经济和环保等重大关系，加强机制创新、要素集成，抓好乡村产业、人才、文化、生态、组织"五个振兴"。把新发展理念贯穿于改善农村人居环境的各阶段各环节全过程，在促进人与自然和谐共生中挖掘乡村多种功能、多元价值，培育新产业新业态新模式，提升可持续发展的内生动力。

（二）村庄整治与发展经济同步推进

"千万工程"的成功在于把村庄整治与发展经济结合起来，将生态优先、绿色发展理念贯穿改善农村人居环境的各阶段、各环节、全过程，注重抓好发展强村、反哺富村，实现了"美丽风景"向"美丽经济"的有效转化，走出了可持续发展、绿色发展的兴村富民之路。今天的浙江，乡村旅游、养生养老、农村电商等新业态蓬勃发展，农村居民人均可支配收入从 2003 年的 5431 元提升到 2022 年的 37565 元，村级集体经济年经营性收入 50 万元以上的行政村占比已达 51.2%。实践证明，"千万工程"的经验之一，就是要让绿色成为美丽乡村的底色，壮大集体经济，发展龙头产业，将"绿水青山"的美丽"风景"转化为"富村强民"的美好"钱景"，让"绿水青山"在永续增值中充分释放发展动能。同样地，宜居宜业和美乡村建设，其中要求"农村要创造更多农民就地就近就业机会"。这一要求的实现途径可通过村庄整治与发展经济同步推进来实现。

一是营造更广阔的乡村发展空间。只有不断改善农村营商环境，提高政策支持和服务保障，才会吸引各类人才留乡返乡入乡就业创业，从而带动乡村发展。村庄环境也是营商环境的一部分。如何让农民主动参与整治，并主动维持后期的运维管护，关键就是构建利益共同体，即注重村庄整治与促进农民增收得实惠相结合。在环境整治中，始终坚持以整治促进发展，以发展巩固整治成果的方针，促进农民增收。尤其是现在越来越多上年纪的农民选择离土不离乡，在村庄就近就地就业。2021 年农民工监测调查报告显示，有 1.62 亿农民工在县域内就业，占全国 2.93 亿农民工总数的 55%。如果这 55% 的人能够全部投入乡村发展，农村的发展将不再凋敝萧条。由此可见，为村民就近创造工作岗位能够更有效地推动更广阔的乡村发展空间建设。同时，大力开展通乡通村公路建设，改善乡村道路交通条件，为农村发展创造交通便捷优势。此外，通过环境新整治，创设更多乡村休闲游、观光游、采摘游等经济消费场景，壮大集体经济，促进农民增收。

二是系统构建生态补偿政策体系。根据林、水、气、湿地、节能降耗等各生态要素的不同特点，通过整合、新增、完善、扩面、提标等方式，系统化构建绿色发展财政奖补机制，涵盖单位生产总值能耗财政奖惩、出境水水质财政奖惩、湿地生态补偿、流域横向生态补偿等政策，基本实现生态保护领域财政政策的全覆盖。对不同生态功能区域的地区，实施差别化的奖惩制度。比如，对非重点生态功能区，实行与"绿色指数"相挂钩的生态环保财力转移支付制度；对重点生态功能区，像眉山市的洪雅县、丹棱县等，实行与出境水水质、森林质量和空气质量相挂钩的财政奖惩制度；对洪雅特别生态功能区，则实行标准更高的财政奖惩制度。

二、坚持因地制宜，打造经济发展特色

（一）立足实际情况

"千万工程"坚持从实际出发，立足于认识和把握乡村发展实际，区分发达地区和欠发达地区、城郊村庄和传统农区，结合地方发展水平、财政承受能力、农民接受程度推进工作。

一方面，注重在改革创新中推进城乡融合发展。将土地制度、农村产权制度、公共服务制度、乡村治理机制、数字化等一系列改革有机融入到"千万工程"经验中，因地制宜制定与实际需求相匹配的乡村发展阶段性目标，并在目标导向下差异化推进体制机制创新，持续推动乡村发展理念、产业结构、公共服务、治理方式以及城乡关系的

迭代升级。

另一方面，宜居宜业和美乡村建设不能脱离实际搞发展，应该坚持问计于民，将村庄规划纳入村级议事协商，通过大调研等途径，充分征求村民意愿及发展建议，严禁违背农民意愿大搞特搞建设。每个村的政治、经济、文化、社会和生态基础都不一样。要抓住关键产业要素，立足资源本地条件，依托政策引导，片区统筹谋划，现实"一片区一主业"，重点发展一个根本产业。这个产业应该是本村所有内生资源要素的集合，而非外界投入。

（二）发挥本地优势

"千万工程"充分把握各个乡村的建设优势，既着眼于现实的和潜在的，又考虑到整体的和局部的，推动协调发展、扬长补短。深入挖掘资源禀赋，突出抓好农产品加工，着力打造"一村一品、一县一业"的发展新格局。基于农村现有的产业基础、要素禀赋、地理环境等优势，实施差异化发展，提升乡村建设中的资源配置效率。例如，浙江宁波普陀区出台普陀水仙和普陀佛茶等产业扶持政策，实施普陀佛茶核心示范基地主体能力水平提升项目。同样地，宜居宜业和美乡村建设应该是千姿百态的，其建设贵在因地制宜，发挥本地优势。

宜居宜业和美乡村建设要形成村村有产业、有特色的大发展格局，避免出现村村之间规划照搬硬抄、"千村一面"的现象。尤其要坚持乡土特色，做到因地制宜。杜绝盲目拆建、公园式堆砌、高端石材等乡村建设"十不宜"情形，最大化尊重乡村原有的山水、田园等空间特征。根据浙江"千万工程"实践经验，同时结合当前我国乡村实际情况，宜居宜业和美乡村建设可采取这十大乡村典型发展模式（见表6-2）。这些模式不仅立足本地优势，而且独具特色。

表6-2 宜居宜业和美乡村典型发展模式

类型	适用地区	特点
产业发展型模式	东部沿海等经济相对发达地区	产业优势和特色明显，农民合作社、龙头企业发展，产业基础好，初步形成"一村一品""一乡一业"，实现了农业生产规模集聚，农业产业经营，农业产业链条不断延伸，产业带动效果明显
生态保护型模式	生态优美、环境污染少的地区	自然条件优越，水资源和森林资源丰富，具有传统的田园风光和乡村特色，生态环境优势明显，把生态环境优势变为经济优势的潜力大，适宜发展生态旅游
城郊集约型模式	大中城市郊区	经济条件较好，公共设施和基础设施建设较为完善，交通便捷，农业集约化、规模化经营水平高，土地产出率高，农民收入相对较高，是大中城市重要的"菜篮子"基地
社会综合型模式	人数较多、规模较大、居住较集中的村镇	区位条件好、经济基础强，基础设施相对完善
文化传承型模式	具有特殊人文景观（古村落、古建筑等）的地区	乡村文化资源丰富，具有优秀民俗文化，非物质文化展示和传承潜力大
渔业开发型模式	沿海和水网地区的传统渔区	产业以渔业为主，发展渔业，促进就业，增收致富，加强渔民农村经济，渔业占主导地位
草原牧场型模式	牧区半牧区县（旗、市）	草原畜牧业是牧区经济发展的基础产业，是牧民收入的主要来源
环境整治型模式	农村脏乱差问题突出地区	农村环境、基础设施建设滞后，环境污染问题突出，当地群众对环境整治呼声高，反映强烈
休闲旅游型模式	适宜发展乡村旅游的地区	旅游资源丰富，住宿、餐饮、休闲娱乐设施完善齐备，交通便捷，距离城市较近，适合休闲度假，发展乡村旅游潜力大
高效农业型模式	农业主产区	以发展农业作物为主，农田水利等农业基础设施相对完善，农产品商品化率和农业机械化水平高，人均耕地资源丰富，农作物产量结大

三、坚持以人民为中心，增添幸福生活成色

（一）充分了解群众的需求

"千万工程"之所以能落地见效，很大程度上与群众的需求精准对接密不可分。比如，时任浙江省委书记的习近平同志经过 118 天的广泛调研，确定改善村居环境是当地百姓的主要需求之一。当时浙江全省 3.4 万个村庄，只有 4000 个村人居环境较好，其余 3 万个村环境较差。当地人居环境脏乱差，管理服务功能薄弱，精神文明建设滞后，与农民群众对美好生活的需求形成了强烈反差。进一步分析，农村的"脏、乱、差、散"，既是村庄规划问题、环境治理问题，又是发展模式、产业结构、农民生活消费习惯等一系列问题，但归根结底还是长期重工轻农、城乡分割的二元经济发展模式所形成的"病灶"。村居环境差不但制约着经济社会进一步发展，也威胁着人民群众健康。"千万工程"从清理庭院垃圾等小事做起，逐步扩展到"脏、乱、差、散"治理，这种从花钱少、见效快、利民生的小切口出发的理念和方法很值得我们学习借鉴。建设宜居宜业和美乡村涉及千万群众，只有摸清群众需求情况，找准制约满足需求的问题，才能精准施策，调动群众的参与度。

（二）充分调动群众的积极性

一是充分尊重农民的意愿和主导地位。"千万工程"成功地推动群众从"要我干"向"我要干"转变，极大地提高了群众的自主性。"千万工程"的出发点和落脚点是不断解决好农业农村发展最迫切、农民反映最强烈的实际问题。但要想把这件实事办好，就必须充分尊重农民的意愿和主导地位，充分调动并发挥广大农民群众的积极性、主动性和创造性。实践证明，充分尊重农民的意愿和主导地位，才能充分

调动群众的积极性。

二是建立完善联农带农的利益联结机制。在推进"千万工程"进程中，浙江全力激发群众创新创造智慧，坚持从农民群众最直接、最现实、最关心的事情做起，由表及里、塑形铸魂。建设宜居宜业和美乡村要充分激活群众的参与度，完善利益联结机制，推动"资源变资产、资金变股金、农民变股东"，探索推广"收益共享、风险共担""保底收益＋效益分红"等利益联结机制，农户能从事的生产尽量让农户去做，适合企业生产的尽量吸纳农民参与，促进企业与农户优势互补、分工合作，让农民在参与中更多分享产业增值收益。

（三）充分激发群众的创造性

一是健全基层治理共建共享机制。在"千万工程"实施过程中，坚持鼓励基层创新，充分发挥各地积极性主动性创造性。各地出台乡村治理工作规范、村民说事监督规范、村民诚信指数评价规范等形式多样的制度，建设"百姓议事会""乡贤参事会""道德评议团""百事服务团"等基层治理载体，创设"河小二""池大爷""塘大妈"等岗位，形成"幸福积分制""垃圾分类积分制"等激励机制，涌现出把"绿水青山"转化为"金山银山"的典型安吉县余村、以"村企共建"著称的乐清市下山头村、以民宿著称的德清县仙潭村等各具特色的典型案例。正是在充分发挥基层干部和广大农民积极性、主动性、创造性的基础上，浙江逐步健全乡村治理机制，乡村治理体系和治理能力现代化水平显著提高。

二是健全农民素质提升培训机制。农民是宜居宜业和美乡村建设的主体之一，加强对其的培训和学习可以激发其创造力。"千万工程"从推进之初就十分注重对千万农民的培训，例如实施"千万农民素质提升工程""乡村工匠培育计划""千名乡村 CEO 培养计划"等，建立农民终身职业技能培训机制，提高农民工转岗就业能力。通过培训改变了农民传统认知观念、农村传统价值理念、农业传统发展概念。宜居宜业和美乡村建设离不开人才支撑，更离不开农民这个群体。因此，必须唤醒农民的主体意识。只有唤醒农民的主人意识，才能更好突出农民的主体作用，发挥农民的首创精神。通过理论灌输、基层文化宣传等手段激发农民的积极性、主动性与创造性，帮助农民认识到自身是和美乡村建设的参与者、建设者、享受者，使农民由旁观者变成建设者，由被动参加变成主动参与。

四、坚持前后衔接，一以贯之推进重点任务落实

宜居宜业和美乡村在内涵上包括"宜居"的因素、"宜业"的因素、"和美"的因素，需要统筹好乡村建设行动、农村精神文明建设和富民乡村产业发展，打造基本功能完备又保留乡味乡韵的宜居乡村，重塑和谐共生、和而不同、和睦相处的乡村文化内核及精神风貌。这是一项费时、费力、费物、费财的大工程，必须衔接得当、持之以恒、久久为功。

（一）政策法规有效衔接

建设宜居宜业和美乡村各项政策必须紧密配合，充分把握好各部分之间的对接关系，才能够发挥政策的持久效应。"千万工程"的建设实践表明，20 多年来，正是因为浙江始终保持久久为功的战略定力和历史耐心，一张蓝图绘到底、一任接着一任干，才有今天"千万工程"的伟大成就。从浙江省"千万工程"演化历程表（表 6-1）可以看到，"千万工程"始终立于全域规划的棋盘之上，每个阶段都有相应的配套政策支撑，且政策之间的内容相互衔接。如生态保护方面，政策层层递进，逐年优化，从未间断。此外。20 多年来浙江各级财政整合投入"千万工程"财政资金超 3000 亿元，引导村集体、农户和社会资本投

入超 5000 亿元。同样地，建设宜居宜业和美乡村也应该保持政策的连续性，从而有助于将该项建设贯彻到底，还能有效降低建设的行政成本。

（二）阶段划分有序推进

回望"千万工程"的建设过程，整个工程是分三个阶段有序推进的。其中，从 2003 年到 2010 年的第一阶段主题是"千村示范、万村整治"，主要从万千村庄、从的人居环境整治入手，通过环境变革来触发生态变革；从 2011 年到 2020 年的第二阶段主题是"千村精品、万村美丽"，主要是以美丽乡村建设推动产业、文化和城乡重构的变革；从 2021 年至今的第三阶段主题是"千村未来，万村共富"，主要是着力构建"千村引领、万村振兴、全域共富、城乡和美"新图景。同样地，宜居宜业和美乡村的建设，也应该做好规划，分阶段分目标有序推进。

一是制定"1＋4"县域美丽乡村建设规划体系。宜居宜业美丽乡村的建设是一项庞大的工程，建设之前必须要实行规划先行。可借鉴浙江的做法，首先形成以县域美丽乡村建设规划为龙头，以村庄布局规划、中心村建设规划、农村土地综合整治规划、历史文化村落保护利用规划为基础的"1＋4"县域美丽乡村建设规划体系。在规划实施过程中，坚持因地制宜、分类指导，制定针对性解决方案和阶段性工作任务，实现改善农村人居环境同地方经济发展水平相适应、相协调。选择部分具有较好发展潜力的中心村，提升交通基础设施的联通性和承载性，扩大数字基础设施的覆盖面和建设质量，合理强化中心村商业、社会服务、培训等社会公共服务功能，支持部分较为发达的中心村建设商业综合体。

二是制定不同阶段的发展目标和任务。党的二十大报告提出"建设宜居宜业和美乡村"，实际上是指明了新时代乡村建设发展的三个阶段和相应的目标，即以"宜居"建设为核心的第一阶段、以"宜业"建设为核心的第二阶段、以"和美"建设为核心的第三阶段。三个阶段紧密相接，其中"宜居"是乡村建设的前提，"宜业"是乡村发展的基础，"和美"是乡村生活幸福的标志。借鉴"千万工程"实践经验，每个阶段的任务以工程项目的方式逐一推进。例如，在第一阶段，由省级部门牵头，围绕农村生活污水、垃圾、道路、房屋等方面可启动、完成、落实不同的工程项目。因此，宜居宜业和美乡村建设是一个整体的建设单元，相关建设内容应该是整体谋划、全面推进，既要在以往建设基础上升级换代、再创新高，又要适应各方需求补齐短板、强化弱项，不应互相割裂、有所偏颇。

五、坚持内外兼修，统筹推进物质文明和精神文明协调发展

建设和美乡村，物质文明和精神文明同样重要。一方面，从理论层面看，建设和美乡村是实现中国式现代化的重要内容，并且物质文明和精神文明相协调也是中国式现代化的一个重要特征。另一方面，从实践层面看，建设和美乡村既要"塑"高水平的物质生活之"形"，也要"铸"高内涵的文化精神之"魂"。可以说，文化是乡村物质文明建设的有力支撑，也是精神文明建设的重要来源。因此，必须以文化赋能乡村物质文明和精神文明协调发展。

（一）以文化为基，树文明之魂

建设宜居宜业和美乡村实际上对乡村文化振兴和农村精神文明建设提出了要求。"和美"代表的是乡村生活幸福、乡风文明的境界。"千万工程"的成功在于注重推动农村物质文明和精神文明相协调、硬件与软件相结合，呈现出环境和硬件革命后的和美景象。可以说，"千

万工程"是一项重塑乡风文明的文化工程。

同样地，建设宜居宜业和美乡村也是一项重塑乡风文明的文化工程。宜居宜业和美乡村并不是农业现代化和农村现代化的简单叠加，而是二者的有机融合。它既要实现乡村物质文明和精神文明的协调发展，也要实现人与自然的和谐共生。对此，必须采取"软件硬件同步推进"的方略。浙江"千万工程"的建设实践证明，但凡讲求人和心善、和睦安宁、融合发展的乡村，大多是乡风淳朴、秩序安然的美丽乡村。这就意味着，和美乡村建设在注重硬件建设的同时，要着力形成乡村文明风尚，引导村民培育并传承家和万事兴的伦理观、天人合一的生态观、尊老爱幼的家风家训、团结互助的乡风民风，不断提升村民的精神风貌。同时，还要深入挖掘乡村的优秀传统文化资源，并进行创造性转化、创新性发展，让契合时代需求的文化产业大放异彩。

（二）以文化为本，兴特色之业

文化赋能农村产业振兴是通过挖掘乡村特色资源，引进创意、人才、科技等要素，引入市场开发运营机制，将文化的融合性、创意性用于和美乡村建设中，促进乡村一二三产业融合发展，形成独具特色的文旅产业。由此一来，不仅可以拓宽农民就业增收路径，丰富乡村经济的多样性，还可以加速城乡生产要素流动，促进乡村产业结构转型升级。对此，推进宜居宜业和美乡村建设也可以借鉴"千万工程"此方面经验，尤其要聚力做好"土特产"文章，开发农业产业新功能、农村生态新价值，打造具有竞争优势的特色产业。

总之，"千万工程"的成功表明，立足文化可以更好地打造和美乡村建设。文化在其中发挥着联系个体的桥梁作用，促进宜居宜业和美乡村建设的多元主体间相互支撑，形成系统化的提升，使农村真正地实现物质文明和精神文明相得益彰。

六、坚持系统思维，以"城乡一盘棋"理念推进城乡融合

习近平总书记指出："要把乡村振兴战略这篇大文章做好，必须走城乡融合发展之路。"① 推广"千万工程"经验是加快城乡融合发展的有效途径。"千万工程"破除城乡要素平等交换、双向流动的制度壁垒，推动城市基础设施向农村延伸、公共服务向农村覆盖、资源要素向农村流动，加快形成工农互促、城乡互补、协调发展、共同繁荣的新型工农城乡关系，推动农村基本具备现代生活条件。要健全城乡融合发展体制机制，完善城乡要素平等交换、双向流动的政策体系，促进发展要素、各类服务更多下乡，加快形成工农互促、城乡互补、协调发展、共同繁荣的新型工农城乡关系，增强农业农村发展活力。

（一）注重新型城镇化与和美乡村的有机衔接

以城乡融合为目标，将县城作为两大战略协同推进的重要突破口，深入推进以县城为重要载体的城镇化建设，使城乡各美其美，美美与共。实施产业平台集聚能力、基础设施支撑能力、公共服务保障能力、生态环境承载能力四大提升行动，进一步发挥县城集聚、辐射、带动作用，支撑县域经济社会高质量发展。建立"小城镇＋中心村＋一般村"联动发展新模式，重点突出县域城乡规划、发展壮大县域富民产业、推动县域城乡融合发展、强化乡镇联城带村节点功能。推动公共服务向农村延伸、社会事业向农村覆盖，健全全民覆盖、普惠共享、城乡一体的基本公共服务体系。推进乡村经济多元化，拓宽农民增收渠道，持续缩小城乡居民生活水平差距。加快建立健全有利于城乡要素合理配置的体制机制，促进各类要素更多向乡村有序流动。

---

① 习近平：《论"三农"工作》，人民出版社 2022 年版，第 279 页。

（二）在整体部署下强化多要素统筹

建设宜居宜业和美乡村，要把促进城乡融合发展作为必由之路和关键内容。始终围绕"人钱物"等关键要素进行整体性的政策安排。在具体的实施过程中，要统筹协调好相关部门间、政企间、政社间的关系，推进多元治理创新集成改革，助力乡村治理体系和治理能力现代化。

人，是推进宜居宜业和美乡村建设的核心要素。首先是农民这一主体。农民是宜居宜业和美乡村建设的参与者和受益者，要极大地发挥农民的能动性和积极性。其次是非农民这一主体，包括管理人员和技术人员。针对技术人员，政府可组织住房城乡建设领域设计师、工程师等专业技术人员下乡服务乡村建设。外有科技服务体系、服务团队，内有县乡村户四级科技人才队伍，从内到外形成完善的科技服务支持体系，为村庄布局、农房选址、农房改善设计等项目提供全过程技术服务。

钱，是推进宜居宜业和美乡村建设的关键要素。千方百计筹集宜居宜业和美乡村建设资金，包括财政上的投入和社会资本的投入，资金投入是宜居宜业和美乡村建设的刚需。要分清轻重缓急，扎实推进农村基础设施、公共服务和人居环境的现代化。特别是要抓住农村养老、教育、医疗等公共服务建设的薄弱环节重点投入。

物，是推进宜居宜业和美乡村建设的重要因素。要加强农村基础设施硬件建设和服务软件建设同步实施。这里的农村基础设施是指农村生产生活中的各种服务设施，包括道路、水利设施、电力设施、通信设施等。这些设施的建设和完善，不仅直接影响到农民的生产和生活质量，还关系到农村的经济发展和社会稳定。只有解决了基础设施建设，才更有可能建成真正"宜居""宜业"的乡村。当前，国家出台了很多关于农业农村基础设施建设的政策，例如，农业农村部办公厅发出《关于做好农业农村基础设施建设重大项目谋划储备的通知》。这为当前改善农业农村基础设施建设迎来了前所未有的政策大好机遇。各地政府应当抓紧政策支持的机会，分享政策的红利，提前谋划和储备好重大项目，争取更多金融机构、社会资本的支持，使项目落地实施。

七、坚持党的领导，健全层层抓落实的工作机制

（一）坚持党政主导

建设宜居宜业和美乡村是一项长期任务、系统工程，需要充分发挥党的领导核心作用。在党的领导下，"千万工程"建立起党政合一的科层治理模式，充分发挥党政合一的垂直治理功能。也就是坚持党管干部，通过一级抓一级、一级管一级、一级带一级，把党管干部的原则落到实处。始终把"千万工程"列为"书记工程"，落实"一把手"责任制，形成省、市、县（市、区）、乡镇、村"五级书记"共抓共管的推进机制。在浙江工作期间，习近平同志每年都出席全省"千万工程"工作现场会，明确要求凡是"千万工程"中的重大问题，地方党政"一把手"都要亲自过问。每年召开的"千万工程"工作现场会，省市县党政"一把手"参加，确保农村地区经济社会发展坚持正确的政治方向。

（二）坚持各方协同抓共管

宜居宜业和美乡村建设涉及各个部门，需要各方分工协作，齐抓共管。在政府层面，纵向各级成立宜居宜业和美乡村建设领导小组，建立党委政府领导、职能部门负责、镇村实施、多方共同参与的工作推进机制。横向建立省委、省政府牵头的"1＋N"责任机制（见图6-5）。在社会层面，坚持群众所需、施策所向，积极发动群众、依靠群众，使广大群众既是"千万工程"受益者，也是参与者、推动者、建设者。党政主导、各方协同、分级负责，确保各项工作落到实处，促进美丽生态、美丽经济、美好生活有机融合。

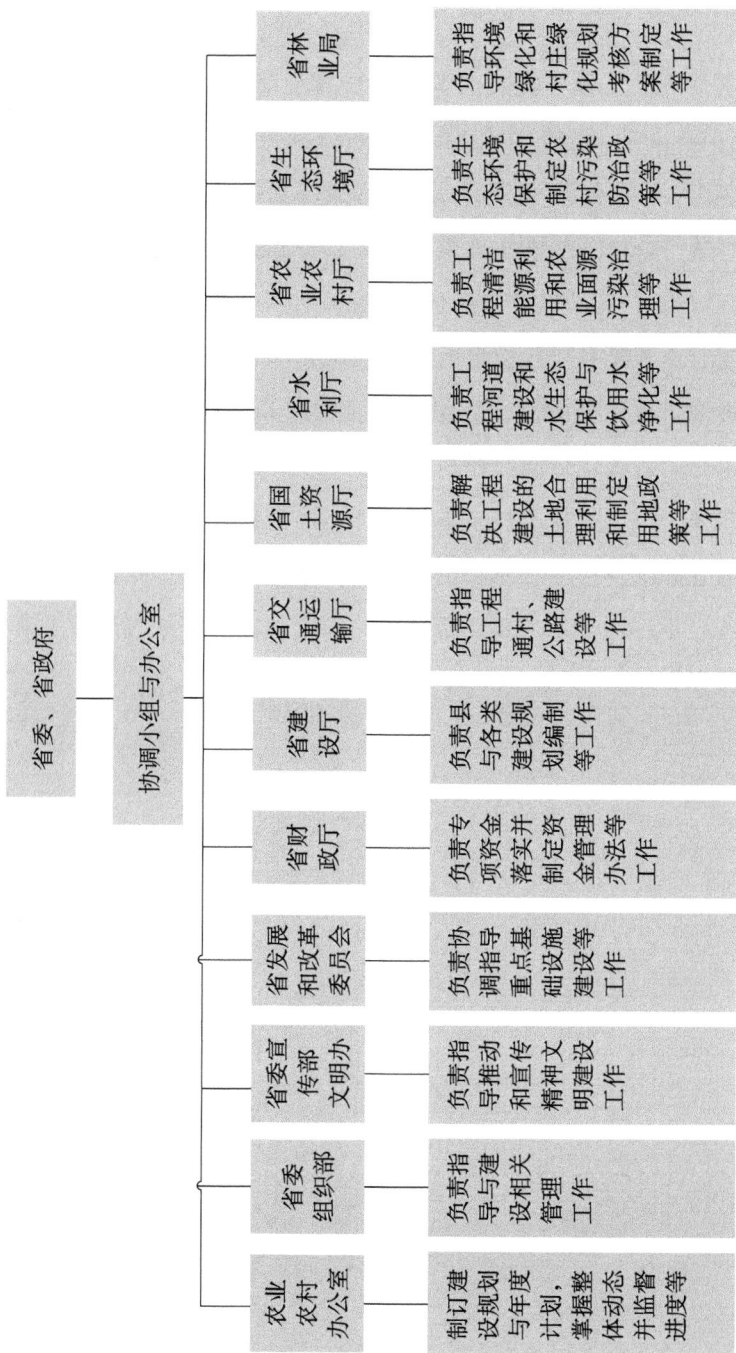

图 6-5 "千万工程"建设省级领导协调小组职责分工

| 省委、省政府 |
| 协调小组与办公室 |

农业农村办公室	省委组织部	省委宣传部文明办	省发展和改革委员会	省财政厅	省建设厅	省交通运输厅	省国土资源厅	省水利厅	省农业农村厅	省生态环境厅	省林业局
制订建设规划与年度计划，掌握整体动态并监督进度等	负责指导与建设相关管理工作	负责指导推动宣传和精神文明建设工作	负责协调指导基础设施建设等工作	负责专项资金落实并制定资金管理办法等工作	负责县与各类建设规划编制等工作	负责指导工程通村、公路建设等工作	负责解决工程建设的土地合理利用和制定用地政策等工作	负责工程河道建设和水生态保护与饮用水净化等工作	负责工程清洁能源利用和农业面源污染治理等工作	负责生态环境保护和制定农村污染防治政策等工作	负责指导环境绿化和村庄绿化规划考核方案制定等工作

（三）坚持分级联动抓落实

借鉴"千万工程"实践经验，宜居宜业和美乡村建设必须建立"第一书记亲自抓、分管领导直接抓、一级抓一级、层层抓落实"的分级负责制度。在各级职责分工方面，省级层面主抓顶层设计、服务指导与监督落实，市县层面主抓统筹协调、资源整合与组织实施，镇村层面主抓政策落实、具体实施和建设管护。

宜居宜业和美乡村建设走的是生态优先绿色发展，推进城乡一体化、农业农村现代化的路子。建设宜居宜业和美乡村，既是"塑形"工程，又是"铸魂"行动，还是"壮体"项目。在具体推进中，要尊重自然规律、市场规律和城乡发展规律，才能绘就"和美"画卷。建设宜居宜业和美乡村其根本目的在于为乡亲们谋幸福。我们牢牢把握这根准绳，运用"千万工程"所蕴含的理念和方法推进宜居宜业和美乡村的建设。

第七章

牢牢守住耕地红线，坚决遏制耕地"非农化"

土为粮本。地之不存，粮将焉附？保障粮食安全，最重要的就是要落实"藏粮于地"战略。耕地是土地资源的精华部分，是我国宝贵的农业自然资源，是关系十几亿人的吃饭大事。我国以占世界7％的土地养活了世界21％的人口。根据国家粮储局公布的数据，我国粮食总产量连续多年保持在1.3万亿斤以上；口粮自给率在100％以上，谷物自给率达95％以上，人均粮食占有量约480公斤，已超过国际公认安全线（400公斤）。我国有效保障了14亿多人的粮食安全，这得益于近年来我国粮食播种面积的止跌回升，耕地"非农化"得到了一定的遏制。耕地"非农化"指的是耕地资源从农业部门向非农业部门的转移过程，强调耕地被非农建设挤占的动态演变。[1] 作为处于城市化与工业化进程中的发展中国家，加之当前城乡融合、市民下乡、资本下乡和项目下乡等情况普遍，非农业用地需求与耕地资源稀缺的矛盾将长期存在，各地出现了不同程度的耕地"非农化"现象，为耕地的保护带来了严峻挑战。

党中央、国务院高度重视耕地保护工作，习近平总书记多次强调，"要严防死守18亿亩耕地红线，采取长牙齿的硬措施，落实最严格的

---

[1] 关洁琳：《国内外耕地非农化研究进展及展望》，《南方农机》2023年第22期。

耕地保护制度"，"要像保护大熊猫那样来保护耕地"。2013 年 12 月，习近平总书记在中央农村工作会议上的讲话中提出，"保障国家粮食安全的根本在耕地，耕地是粮食生产的命根子。农民可以非农化，但耕地不能非农化"。近年来，党中央、国务院出台了一系列严格耕地保护的政策措施，2020 年 7 月，自然资源部、农业农村部发布《关于农村乱占耕地建房"八不准"的通知》；同年 9 月，国务院办公厅发布的《关于坚决制止耕地"非农化"行为的通知》明确提出，要采取有力举措坚决遏制耕地"非农化"，牢牢守住国家粮食安全的生命线。中央一号文件从 2021 年提出"坚决守住 18 亿亩耕地红线"，到 2022 年提出"落实'长牙齿'的耕地保护硬措施"，再到 2023 年要求"加强耕地保护和用途管控"，关于耕地保护的要求不断升级。习近平总书记 2023 年 7 月在四川考察时的讲话中提出，农村宅基地改革要守住底线。要把住土地流转关，不能借流转之机搞"非农化"。耕地"非农化"的严峻性和重要性可见一斑。在势不可当的工业化、城市化进程中，如何协调非农用地需求与耕地保护的矛盾关系？如何把住土地流转关，遏制"非农化"？这些成为促进我国经济健康协调发展、实现乡村振兴战略必须解决的重要问题。

第一节 耕地"非农化"的表现形式

一、城镇建设用地的过度扩张和粗放使用

城镇建设用地对耕地的过度扩张和粗放占用是耕地发生"非农化"转变的最重要因素。[1] 随着城镇化高速发展，建设用地需求不断扩张，

---

[1] 黄祖辉、李懿芸、毛晓红：《我国耕地"非农化""非粮化"的现状与对策》，《江淮论坛》2022 年第 4 期。

一些小城镇受长期工商业偏向型经济发展政策的影响，忽视农地的价值性，盲目扩大城镇规模，建设用地布局缺乏科学规划。一是"一哄而起"的大体量工程建设铺张地使用土地，大量侵占城郊优质耕地。部分地方政府为刺激经济，以发展地方经济的名义放任房地产、开发区等热门项目一哄而起，或不切实际地建设大体量的"形象工程"，导致大片农地被"吃掉"。二是项目建设失败造成农田撂荒搁置现象的发生。部分地区和房地产企业由于资金不能及时到位、拆迁工作不得力等原因，圈地后的建设跟不上，甚至留下大片烂尾工程，导致土地资源闲置浪费。

二、农村非农用地的无序蔓延和超额占用

农村超标建房、无序的基础设施建设和"下乡资本"跑马圈地加速了耕地"非农化"进程，[①] 具体体现在：一是农民超标建房。随着农村经济的持续发展，农民收入水平不断提升，农民建房需求和用地规模均迅速增长，加之当地政府对农村建房行为缺乏规范和引导及执法不严，超额占地建房的情况时有发生。二是基础设施建设用地无序蔓延。乡村公路和乡镇道路建设缺乏统筹规划，缺少前瞻性及长远布局，基础设施建设对快速发展的经济社会不具有良好的适应性，造成不必要的土地浪费。三是工商资本进入乡村以非农产业占用耕地，强化了耕地"非农化"现象。随着农村产业结构发生变迁，农村二、三产业发展对建设用地需求不断增长，地方政府为发展农村经济不惜财政资源支持工商资本下乡。[②] 然而，一些工商资本支持的观光农业、农村的小项目不断蚕食耕地，或由于经营不善出现项目烂尾、资本跑路现象，造成土地撂荒。

---

① 隆宗佐：《耕地非农化问题研究》，《科技进步与对策》2003 年第 18 期。
② 贺雪峰：《工商资本下乡的隐患分析》，《中国乡村发现》2014 年第 3 期。

第二节　耕地"非农化"的形成机制

一、比较利益驱动

从经营者理性决策上讲，经济利益是决定土地资源利用结构和利用方式的本质驱动力。基于相同的技术水平、经济发展状况和投入水平，人们总是选择将有限的劳动力、资金、土地等要素投入到可以获得更高绝对收益和相对收益的行业或领域，因此，回报率更高的土地利用方式更为经营者所青睐。一般而言，粮食作物种植和非农建设两种用途的经济价值差异明显，比较利益的差距大，种粮的比较利益低，[①] 而工业、商业及娱乐业等非农用地的收益率相对较高，耕地经营者在比较利益的驱使下具有"非农化"的原始动机，更倾向于将耕作用地用作非农建设用地。与此同时，这种比较利益的差别，不仅使企业的行为导向倾向于投资非农产业，也促使一些地方政府官员产生将农业用地转化为非农用地的冲动。农业与非农产业比较利益的差别，也使得大量农村劳动力流入城镇和非农产业，农村老龄化、空心化问题严峻，土地撂荒现象逐渐变得普遍。

二、地方政府行为偏差

地方政府的行为偏差也是耕地"非农化"的关键因素。地方政府在执行中央的土地政策时，由于政治与行政的分离，地方政府的实践行动并不总是与中央政府一致。在土地调控目标上，中央政府和地方

---

① 王双正：《"三化同步"大视野下我国的耕地保护》，《经济理论与经济管理》2012 年第 2 期。

政府倾向不同，中央政府更多考虑粮食安全、耕地保护、生态环境和民生问题，而地方政府的行动逻辑除了要确保国家粮食安全、稳定耕地红线外，更重要的是追求地方财政增长和经济增长。而在现行的财税、土地管理体制下，地方政府既是土地所有者，又是土地征用审批者、使用者和管理者，能够主导耕地的供给，因此，更倾向于通过征用土地并出让土地使用权、依赖土地财政获取财政收入和政绩，甚至默许"非农化"经营行为的存在。在征地范围过于宽泛、征地补偿标准明显偏低、农村土地流转机制亟待完善等突出问题的共同影响之下，耕地"非农化"问题愈发突显。[1]

三、政策空间的可投机性

相关的国家顶层设计为"非粮化""非农化"提供了可投机的政策空间。[2] 一方面，农地"三权分置"制度框架提供了行动空间。从产权角度来看，"三权分置"改革下，承包权和经营权的分离，使农民可以将土地经营权让渡出去，以获得租金收益。另一方面，国家引导资本要素下乡提供了机会空间。从要素配置角度来看，国家土地政策改革的目的是为了通过土地流转实现要素的有效配置，然而，在国家引导工商资本下乡的过程中，地方政府会权衡国家政策期望和土地经济效益，从而在一定程度上放宽对耕地"非粮化""非农化"的管控，形成了企业资本和社会资本对国家用地指标的抢占和争夺，从而导致"非粮化"甚至"非农化"现象。[3]

与此同时，耕地保护机制不完善、土地流转过程不合规也为"非

---

① 刘健：《耕地非农化与粮食安全问题研究：基于生产可能性曲线分析》，《广东土地科学》2016 年第 2 期。

② 赵晓峰、刘子扬：《"非粮化"还是"趋粮化"：农地经营基本趋势辨析》，《华南农业大学学报（社会科学版）》2021 年第 6 期。

③ 周飞舟、王绍琛：《农民上楼与资本下乡：城镇化的社会学研究》，《中国社会科学》2015 年第 1 期。

农化"提供了可钻的"空子"。当前，我国土地流转过程不合规，流转渠道不畅通，农村短期协议、私下协议和口头协议成为土地流转的常态，[①] 导致企业和工商资本利用流转协议的漏洞，投机套取国家政策补贴和用地指标，加剧了耕地"非农化"的风险。

第三节　耕地"非农化"的危害及治理难点

一、危害

耕地"非农化"会破坏土地生产力，威胁国家粮食安全。耕地"非农化"直接减少我国粮食播种面积，在粮食单产恒定的条件下，必然带来粮食产量的下降，影响粮食安全。耕地"非农化"也会削弱我国耕地资源质量，破坏耕地的耕作层，可能给耕地带来不可逆的土地用途改变，对粮食安全保障能力造成根本性的损伤。[②] 耕地"非农化"及其危害有以下几种：一是土地长期抛荒，这不仅使耕地资源闲置浪费，更会造成土壤肥力的下降，土地丰度衰退。二是发展苗木产业，一般而言，根系发达的苗木的生长对耕作层破坏大、对土壤养分耗损大，加之种植周期相对较短、种植过程中需要移栽取土，导致被破坏的土壤结构很难再恢复，影响粮食生产。三是工商资本将流转农地用于非农产业的经营中，如修建工厂、旅游度假村等，会产生大量的污染物，且此类"非农化"后的土地经固化后，土壤层发生改变，恢复为种植粮食的农田其难度极大，耕地土壤遭到根本性破坏。同时，土地流转方流转期限到期后就会离开，缺乏保护土地的内在动力，更将带来耕地破坏的风险。

---

① 郭金丰：《乡村振兴战略下的农村土地流转：市场特征、利益动因与制度改进——以江西为例》，《求实》2018年第3期。

② 匡远配、刘洋：《农地流转过程中的"非农化"、"非粮化"辨析》，《农村经济》2018年第4期。

二、难点

遏制耕地"非农化"趋势面临三大难点：一是耕地"非农化"行为模糊零散，国家政策精准落地难。许多耕地"非农化"行为的用地性质和影响具有模糊性，时空分布零散，审批、监管及跟踪困难。二是耕地保护对行政责任手段依赖程度高，正向激励政策工具运用难。严格保护耕地是各级政府的法定责任和各类主体的法律义务。执行中存在行政考核机制为主的单一化倾向，签订责任书层层传导压力责任成为主要甚至唯一方式。领导干部考核评价中，耕地保护只是"责任达标"条件，而非"绩效争优"指标，基层干部的耕地保护积极性、主动性调动难。三是部分基层干部存在认识偏差，耕地保护意识内化难。部分领导干部对耕地功能价值和国家政策认识存在偏差，对国家政策把握不准，具体表现在：一些领导干部为了"保障发展"放松产业供地的要求，如为支持苗木产业、设施农业或休闲农业等的发展默许违规占地行为。一些领导干部对"生态文明"的理解窄化，片面追求林地覆盖率的提高、过度建设挖湖造景等形象工程，随意扩大绿色通道、自然保护地、湿地水面建设标准。因此，遏制耕地"非农化"趋势，必须把好各级领导干部的思想关、意识关。

第四节　如何守住耕地红线，坚决遏制耕地"非农化"?

一、筑牢耕地保护"思维底线"，深入转变全民土地观念

各级政府始终是耕地保护的"第一责任主体"，把好各级领导干部的思想关、意识关，是遏制耕地"非农化"趋势的前提条件。强化各

级政府干部对耕地保护极端重要性的认识，以市、县主要领导和分管领导为重点，组织粮食安全形势教育与耕地保护政策的理论案例学习，促进领导干部准确理解把握国家政策。构建科学合理的耕地综合保护的绩效考核体系，逐级明确目标任务和考核办法。压实耕地保护责任，依纪依规追究履职不力、监管不严、失职渎职的失责行为，筑牢耕地保护"思维底线"。

农民、工商企业等相关主体均应当树立正确的国土观念，认识保护耕地的重要性，树立起持续利用土地的思想观念。当前，国民对珍惜土地资源、维持土地资源持续利用的认识并不深刻。因此，要广泛、深入开展"惜土如金"的全民国土观念教育，通过现代化媒体矩阵引导国民认识我国土地国情，领会土地国策，宣传遏制耕地"非农化"的紧迫性，科普耕地保护的基础知识，最终形成全民共同参与社会风尚。

二、加强规划管控和用途管制，严格落实耕地保护制度

加强土地规划管控和用途管制，既要切实保障农民建房、公共服务和乡村产业发展等合理用地需求，落实乡村发展的土地要素保障；也要防范非法占用耕地、基本农田进行建设开发行为，坚决遏制耕地"非农化"。一方面，抓住国土空间规划编制契机，科学预测规划期内人口增长及分户需求，保障宅基地、乡村产业用地、公共设施用地等合理建设用地需求，优化布局生态、农业、城镇等各类功能空间，满足村民生活生产合理需求。发挥村集体的资源配置与监督功能，通过村集体返租倒包、统一管理优化土地资源配置，通过村规民约等方式严格限制耕地流转后的用途。另一方面，深化耕地用途管制，划清耕地保护"规划红线"。加强对农业空间转为城镇空间和生态空间的监督管理，严格规范城乡建设用地增减挂钩，确保长期稳定利用的耕地总量不再减少。

坚持最严格的耕地保护制度，明确贯穿于国土空间规划、各类建设用地审批、耕地农业结构调整等各环节的严格管控措施。强化各级国土空间规划的审查，突出强调耕地和永久基本农田保护，保证耕地保护责任精准落地。县、乡（镇）级政府结合"田长制"等制度办法，建立自下而上的监控管理体系，对土地利用进行日常巡查，加大监测监管频率。针对耕地"非农化"的违规现象，早发现、早报告、早查处、早制止，做到新增问题"零容忍""零增长"。

三、加大高标准农田建设力度，高质量推进土地综合整治

完善国土综合整治政策，加强农田基础设施建设，加大高标准农田建设投入，推进耕地数量、质量与生态的全面保护。了解不同区域的农地土壤质量情况，分析恢复属性地类的现状、分布、格局及变化趋势，根据具体实际情况选择不同耕地保育方式，审慎稳妥地开展耕地恢复利用。对于违规违法改变农地用途导致土壤质量受损的情况，要依法追究责任，并督促违法违规者及时开展土壤种植条件恢复工作。对于土地用途难以逆转的情况，做好后备耕地的开发工作，保证农地占补平衡，避免"占优补劣"现象。针对流转后的土地，进行旱涝保收、高效节水的高标准农田建设，做好田间配套设施建设、农技提升与土地管护等工作。

例如，为扎实推进高标准农田建设，贵州省仁怀市在全市 11 个乡镇有序推进"六方会审"机制，即以镇为单位举办"六方会审"会议，市农业农村局、喜头镇、村业主单位、设计单位、农民六方代表共同参与，就乡镇高标准农田建设设计方案进行深入讨论，通过这一方式充分发挥村集体经济组织和农民主体作用，确保高标准农田建设的设计方案落地见效。建设方案实施过程中，村集体以党建引领，召集设计公司、党员、乡贤、群众到田间地头进行现场研讨，全过程征求群

众意见，基于现实情况优化农田改造方案，既推动了政策的落地又提高了群众的满意度。

四、科学引导工商资本"下乡"，激活耕地保护"效益引线"

保障粮食安全的同时，支持农村一二三产业融合发展和乡村振兴，调整土地利用结构，优化产业布局，科学引导工商资本进入农业。按照"谁保护，谁受益"原则，调动各主体共同参与耕地保护投入的积极性，激活耕地保护"效益引线"。一方面，深化确权登记成果运用，大力发展土地托管等社会化服务，促进农业产业链的建立。适时推广粮食作物完全成本保险和收入保险，调动农民、新型经营主体和农业企业粮食生产积极性。另一方面，监督、规范和限制工商资本"下乡"过程中的经营行为，审慎辨别工商资本在乡流转耕地的动机，严格进行资格审查和项目管控，严禁流转主体私自改变土地用途。坚持适度流转，防止大规模耕地的"非农化"。健全农业生产社会化服务体系，深化确权登记成果运用，鼓励以土地托管服务带动土地经营权的有序流转，扶植以机械化、智能化物质技术装备为支撑的专业社会化服务组织，开展代耕代种、统防统治、统种统储等服务，推动实现农业生产的规模化、专业化和机械化，降低粮食生产成本，提高粮食生产效益，调动农民的粮食生产积极性。

例如，海南省文昌市会文镇在统筹推进"非农化"图斑土地整治工作中发现，根据"十三五"耕地流出图斑土地，冠南村存在耕地占用共计106亩。因此，会文镇通过制定工作方案，动员冠南村村民自行复垦耕地，对无复种意愿的村民，由村委会集中引入资本流转种，将土地整合流转给农业种植公司，用于发展地瓜种植产业，以增加村集体经济收入和促进村民增收，耕地"非农化"、基本农田"非粮化"整治取得良好成效。

第八章

推进基本公共服务城乡均等化

基本公共服务涵盖与居民息息相关的文化教育、医疗卫生、社会保障、公共设施、公共安全、网络通信等领域，城乡基本公共服务均等化是指城乡公民都能公平可及地获得大致均等的基本公共服务。党的二十大报告强调，到2035年基本公共服务实现均等化。推进城乡基本公共服务均等化是实现全体人民共同富裕的应有之义。然而，由于城乡长期的二元分割，受"重城市轻农村"倾向的影响，农村基本公共服务建设长期滞后于城市。要推进基本公共服务的城乡均等化，不仅需要从城市、乡村同时发力，完善顶层设计、增加财政投入、构建多元供给格局，还要重点补齐农村教育、社会保障、医疗卫生等领域的短板。

第一节　推进基本公共服务城乡均等化的基本要求与政策演进

一、推进基本公共服务城乡均等化的内在要求

基本公共服务均等化从理论基础来看，可以通过福利经济学、"补

偿原则论"、"社会福利函数论"等分析其价值导向及为了实现价值目标而需要采取的政策工具，从而寻找到理论依据。[①] 中国语境下的基本公共服务借鉴了西方经济学、政治学等学科涉及的公共服务理论，同时继承中华优秀传统文化的公共服务思想，与中国的政治、经济、社会等具体实践相结合，具有本土性、创新性。近年来，我国学界对基本公共服务均等化的理论研究大致经历了"为何均等化、何为均等化、如何均等化"的发展演化过程。[②] 第一，在"为何均等化"维度。推进城乡基本公共服务均等化有利于巩固脱贫攻坚成果、促进农民共同富裕，[③④] 有利于增进社会公平正义，[⑤] 有利于提升低、中收入群体的社会公平感，[⑥] 还有利于促进农业现代化发展。[⑦] 第二，在"何为均等化"维度，从政府与公众的关系来看，实现基本公共服务均等化本质是政府公权力主导下的制度调适与公众幸福感、获得感的实际感知之间博弈的均衡过程；[⑧] 从范围来看，是基本公共服务对于不同地域、不同资源禀赋社会公众的无差别待遇，是提高全社会基本公共服务共享水平的重要表现；[⑨] 从均等化目的来看，逐步缩小城乡之间、区域之间和群

---

① 郭小聪、代凯：《国内近五年基本公共服务均等化研究：综述与评估》，《中国人民大学学报》2013年第1期。

② 姜晓萍、郭宁：《我国基本公共服务均等化的政策目标与演化规律——基于党的十八大以来中央政策的文本分析》，《公共管理与政策评论》2020年第6期。

③ 郭露、王峰、肖芳：《基本公共服务均等化如何影响收入分配流动性——来自中国家庭的证据》，《南方经济》2023年第11期。

④ 范逢春：《基本公共服务均等化如何推动共同富裕？》，《理论与改革》2023年第2期。

⑤ 尚虎平、石梦琪：《基本公共服务均等化事业的理论归依——习近平新时代中国特色社会主义思想对基本公共服务均等化的理论奠基探析》，《理论探讨》2021年第6期。

⑥ 梅正午、孙玉栋、刘文璋：《公共服务均等化水平与公民社会公平感——基于CGSS 2013的分析》，《财贸研究》2020年第4期。

⑦ 刘华光、于亚琳：《城乡基本公共服务均等化对农业现代化影响研究——基于农村劳动力质量的中介效应分析》，《价格理论与实践》2023年第6期。

⑧ 缪小林、张蓉、于洋航：《基本公共服务均等化治理：从"缩小地区间财力差距"到"提升人民群众获得感"》，《中国行政管理》2020年第2期。

⑨ 熊兴、余兴厚、王宇昕：《我国区域基本公共服务均等化水平测度与影响因素》，《西南民族大学学报（人文社科版）》2018年第3期。

体之间的基本公共服务差距，促进社会公平，确保社会和谐。[①] 第三，在"如何均等化"维度，要从战略高度重视推进基本公共服务均等化，加强顶层设计和统筹协调，加快财税体制改革；[②] 探索将横向转移支付机制与公私合作伙伴模式相结合，利用小财政撬动社会大资本，来促进社会资本的跨区域流动。[③] 对于如何评估均等化程度，以政策环境公平、供给水平发展和人民群众满意构建基本公共服务均等化的评价维度。[④]

总体而言，学术界关于基本公共服务均等化形成了丰富的研究成果，从内涵界定、内容范畴、实现方式以及评价维度等方面对基本公共服务均等化进行了深入研究。但同时仍有亟待深化研究之处：基本公共服务作为与人民群众生活联系最直接的领域，基本公共服务均等化政策演进变化与国家治理紧密相连。党的十八大报告强调，到 2020 年，基本公共服务均等化总体实现。党的十九大报告强调，到 2035 年，基本公共服务均等化基本实现。党的二十大报告强调，到 2035 年，基本公共服务实现均等化。从"总体实现"到"基本实现"再到"实现"，我们党不断完善公共服务均等化的政策体系，符合人民群众的基本公共服务需求。习近平总书记多次强调，"要多谋民生之利、多解民生之忧、在一体化发展中补齐民生短板"[⑤]，"现在，我们正在向第二个百年奋斗目标迈进。适应我国社会主要矛盾的变化，更好满足人民日益增长的美好生活需要，必须把促进全体人民共同富裕作为为人民谋幸福的着力点，不断夯实

---

① 王敬尧、叶成：《基本公共服务均等化的评估指标分析》，《武汉大学学报（哲学社会科学版）》2014 年第 4 期。

② 梁向东、梁朋：《推进基本公共服务均等化实现经济社会协调发展》，《中国党政干部论坛》2019 年第 9 期。

③ 吴昊、陈娟：《基本公共服务均等化的实现路径新探》，《云南社会科学》2017 年第 2 期。

④ 康健、姜晓萍：《基本公共服务均等化实现程度：评价要素与维度》，《上海行政学院学报》2020 年第 2 期。

⑤ 《习近平谈治国理政》第四卷，外文出版社 2020 年版，第 190 页。

党长期执政基础"①。可以说，在新征程上，全面推进乡村振兴对基本公共服务均等化提出了新的要求，明确了新的目标。

二、基本公共服务均等化政策演进

2005年10月，党的十六届五中全会首次提出了"公共服务均等化"这一新概念。2006年3月，在十届全国人大四次会议上，"基本公共服务均等化"的概念首次被提出。党的十八大以来，党的重要会议、重要文件中多次提到要推进基本公共服务均等化。如2021年8月召开的中央财经委员会第十次会议，强调"要促进基本公共服务均等化"。2012年7月，国务院印发《国家基本公共服务体系"十二五"规划》，标志着基本公共服务形成一套较为完整的制度体系。2013年9月印发的《"十三五"推进基本公共服务均等化规划》中提出，要"推动基本公共服务均等化水平稳步提升"，到2020年基本公共服务均等化的目标总体实现。2022年1月印发的《"十四五"公共服务规划》，第三章"推进基本公共服务均等化"，明确了以标准化推进基本公共服务均等化，要求加快提升基本公共服务均等化水平。

关于基本公共服务均等化的演进历程：就城乡均衡视角而言，新中国成立以来，我国基本公共服务均等化政策演进呈现从城乡兼顾、城乡失衡到城乡统筹的特征。②就政策工具而言，农村基本公共服务均等化政策实现由采取单一的强制性政策工具的均等化强制策略到以自愿或混合性政策工具为主、强制性政策工具为辅的均等化混合策略的有序过渡。③就公共价值而言，基本公共服务均等化政策演进分为纳入

---

① 《习近平谈治国理政》第四卷，外文出版社2020年版，第141页。
② 范逢春：《建国以来基本公共服务均等化政策的回顾与反思：基于文本分析的视角》，《上海行政学院学报》2016年第1期。
③ 唐斌、席振华、曾镇坚：《农村基本公共服务均等化政策的演进逻辑及其实践工具——基于"中央一号文件"的质性分析》，《甘肃行政学院学报》2021年第3期。

政策议程、开展政策试点、系统规划与全面推进三个阶段。① 就政策目标而言，2004—2021年中央一号文件涉及"农村基本公共服务"，呈现从突出"普惠性""全覆盖"的阶段到突出"方便可及""群众满意"的特征。② 党的十八大以来，我国基本公共服务均等化政策呈现出"普惠化—均等化—优质化"的梯度递进规律。③

以2012年7月国务院印发的《国家基本公共服务体系"十二五"规划》作为开端，我国基本公共服务均等化的目标、原则、范围、途径不断优化。在目标上，基本公共服务均等化的推进始终坚持以人民为中心，通过为全体人民提供均衡可及的基本公共服务，从而缩小基本公共服务的城乡差距、区域差距，促进社会公平正义。在原则上，坚持尽力而为、量力而行。充分认识城乡发展水平差异，要在财力可承受的基础上，循序渐进逐步提高农村基本公共服务水平。党的十八大以来，农村基本公共服务不断完善。2021年末，乡镇卫生院达到3.5万家，有卫生院的乡镇占全国乡镇总数的90.8%。2021年，农村居民最低生活保障人数3474万人，比2012年下降1871万人。④ 在范围上，党的十八大提出民生"五有"，到党的十九大拓展到民生"七有"，基本公共服务的项目范围不断扩大。面对人民日益增长的美好生活需要，基本公共服务项目不仅包括教育、医疗、社会保障、公共文化等服务，还包括与人民群众法治、环境、安全等需求相关的公共服务。在途径上，坚持共建共治共享。人民群众不仅是基本公共服务均

---

① 张启春、杨俊云：《基本公共服务均等化政策：演进历程和新发展阶段策略调整——基于公共价值理论的视角》，《华中师范大学学报（人文社会科学版）》2021年第3期。

② 杨波：《论基本公共服务均等化的演进特征与变迁逻辑——基于2006—2018年政策文本分析》，《西南民族大学学报（人文社科版）》2019年第5期。

③ 姜晓萍、郭宁：《我国基本公共服务均等化的政策目标与演化规律——基于党的十八大以来中央政策的文本分析》，《公共管理与政策评论》2020年第6期。

④ 《农业发展成就显著　乡村美丽宜业宜居——党的十八大以来经济社会发展成就系列报告之二》，国家统计局网站，https://www.stats.gov.cn/sj/sjjd/202302/t20230202_1896672.html。

等化的受益者，更是推进基本公共服务均等化的主体。推动多元主体参与基本公共服务供给，是增强公共服务均衡性、可及性的重要举措。

第二节 推进城乡基本公共服务均等化面临的现实挑战

党的二十大报告明确指出，城乡区域发展和收入分配差距仍然较大。这表明推进城乡基本公共服务均等化还存在诸多短板。随着我国城乡融合发展，特别是全面推进乡村振兴战略的实施，城乡之间的基本公共服务差距正在逐步缩小。但在城乡二元体制的长期影响下，城乡居民对于基本公共服务的获得感仍存有差异。在我国部分地区，农村基本公共服务的供给明显不足，甚至可以说，在个别农村地区人们还无法享受到城市居民能够享受到的基本公共服务。①

一、城乡社会保险差距

2014 年 2 月，国务院印发《关于建立统一的城乡居民基本养老保险制度的意见》，合并实施新农保和城居保两项制度，在全国范围内建立城乡居民养老保险制度。从参保人数来看，截至 2022 年底，全国参加城镇职工基本养老保险人数 50355 万人，全国参加城乡居民基本养老保险人数 54952 万人。从缴费来看，以参保人数和基金收入为参考。2022 年，全国城镇职工基本养老保险缴费职工人数为 36711 万人，基金收入 63324 亿元，缴费为 17249 元/年；全年城乡居民基本养老保险基金收入 5609 亿元，按照缴费人数是参保人数减去实际领取待遇人数来计算，城乡居民基本养老保险缴费人数为 38488 万人，缴费为 1457 元/年，城镇职工养老保险缴费与城乡居民养老保险缴费比例为 11.8：1。

---

① 李曼音、王宁：《城乡基本公共服务均等化的现实困境与纾解》，《人民论坛》2018 年第 7 期。

从待遇来看，2022 年，城乡居民基本养老保险基金支出 4044 亿元，实际领取待遇人数 16464 万人。按照基金支出和实际领取人数计算，城乡居民基本养老保险待遇为 2456 元/年；城镇职工基本养老保险基金收入 63324 亿元，参保离退休人员 13644 万人，基金支出 59035 亿元。以参保离退休人员和基金支出为参考，城镇职工基本养老保险待遇为 43268 元/年，城镇职工养老保险待遇与城乡居民养老保险待遇比例为 17.6∶1。由此可见，若从缴费比例来看领取待遇，城镇职工和农村居民之间养老保险待遇仍存在较大差距。从人均消费支出来看，2022 年，农村居民人均消费支出 16632 元。相较于消费支出，农村居民养老保险待遇水平还需进一步提高。（见表 8-1）

表 8-1　2022 年城乡居民养老保险、城镇职工养老保险情况

指标	城乡居民养老保险	城镇职工养老保险
参保人数（万人）	54952	50355
基金收入（亿元）	5609	63324
基金支出（亿元）	4044	59035

数据来源：《2022 年度人力资源和社会保障事业发展统计公报》。

二、城乡医疗保险差距

在筹资上，国家医保局、财政部、国家税务总局联合出台的《关于做好 2023 年城乡居民基本医疗保障工作的通知》规定，"2023 年居民医保筹资标准为 1020 元，其中人均财政补助标准达到每人每年不低于 640 元，个人缴费标准达到每人每年 380 元"。虽然财政补助标准不断提高，但是个人缴费标准也在不断提高，这在一定程度上影响了部分农村居民缴纳医疗保险费的积极性。而受经济、观念影响并未参加城乡居民基本医疗保险的农村居民，一旦患病，将需支付更多的医疗费用。在医疗支出上，2022 年居民收入和消费支出数据显示，2022年，分城乡看，城镇、农村居民人均可支配收入分别为 49283 元、

20133 元，城镇、农村居民人均消费支出分别为 30391 元、16332 元，城镇、农村居民医疗保健支出分别为 2481 元、1632 元。在绝对值上，城镇居民医疗保健支出数额大于农村居民，但是农村居民医疗保健支出占农村居民人均可支配收入比重、占农村居民人均消费支出比重均高于城镇居民，分别为 8.1%、10.0%，分别高出城镇居民 3.1 个百分点、1.8 个百分点，农民的医疗负担仍然比较重（见表 8-2）。在医疗资源分布上，农村基本医疗服务供给滞后于农村居民医疗服务需求。《中国统计年鉴（2022）》数据显示，2021 年，城市、农村每千人口医疗卫生机构床位分别为 7.47、6.01，城市、农村每千人口卫生技术人员分别为 9.87、6.27，城市、农村每千人口执业（助理）医师分别为 3.73、2.42，城市、农村每千人口注册护士分别为 4.58、2.64。

表 8-2　2022 年城乡居民收支情况

农村居民收支情况	数量	城镇居民收支情况	数量
农村居民人均可支配收入	20133 元	城镇居民人均可支配收入	49283 元
农村居民人均消费支出	16332 元	城镇居民人均消费支出	30391 元
农村居民医疗保健支出	1632 元	城镇居民医疗保健支出	2481 元
农村居民医疗保健支出占农村居民人均可支配收入比重	8.1%	城镇居民医疗保健支出占城镇居民人均可支配收入比重	5.0%
农村居民医疗保健支出占农村居民人均消费支出比重	10.0%	城镇居民医疗保健支出占城镇居民人均消费支出比重	8.2%

数据来源：《中华人民共和国 2022 年国民经济和社会发展统计公报》。

三、城乡社会救助差距

从低保数量来看，2018 年以来，城市低保人数不断减少，2022年，全国共有城市低保对象 423.8 万户、682.4 万人，农村低保对象1896.7 万户、3349.6 万人，农村低保对象数量是城市的约 4.9 倍。从低保保障标准来看，2022 年，全国城市低保平均保障标准 752.3 元/（人·月），农村低保平均保障标准 582.1 元/（人·月），城市低保平均保障标准是农村的约 1.3 倍，农村的救助水平还有待提高。从特困人员救助供养来看，截至 2022 年底，全国共有城市特困人员 35.0 万人、农村特困人员 434.5 万人；城市、农村特困人员救助供养资金支出分别为 55.9 亿元、477.1 亿元。以资金支出和特困人员数量来计算，城市、农村特困救助人均补助分别为 15971 元/年、10980 元/年。此外，社会服务方面，2022 年，城市社区综合服务设施覆盖率 100%，农村社区综合服务设施覆盖率 84.6%。① 以上数据显示，城乡社会救助仍存在明显差距。

第三节　如何推进基本公共服务城乡均等化？

一、深化县域内城乡融合发展改革试点推动城乡资源双向流动

农村公共服务是我国公共服务体系中的薄弱环节和重点领域。由于县域具有农村靶向鲜明、均等条件成熟、政策操作便利等优势，推进县域内基本公共服务均等化成为消除城乡和区域差距、快速提升农村公共服务水平的重要入手点。应当着眼未来我国县域公共服务的新趋势、新挑战，以县级统筹为主要抓手，充分发挥县城引领扩散作用，进一步优化县乡村三级公共服务布局，通过县域内公共服务资源的优化调整、均衡配置、扩散提升，率先实现县域内基本公共服务均等化，为将来实现更大范围和更高层次的公共服务均等化创造坚实基础。

---

① 数据来源：《2022 年民政事业发展统计公报》。

（一）以县域统筹为抓手，实现县域内基本公共服务资源配置和质量水平的均等一致

推进县域内基本公共服务均等化的基本思路是以县域统筹作为主要抓手，通过县域内公共服务资源的优化调整、均衡配置、扩散提高，实现基本公共服务项目标准统一、质量均等、自由选择，其实施包括四个要点。第一，充分发挥县级的统筹作用。发挥县级行政单元可以自由调配域内人力、物资、资金的优势，针对资源配置不均衡造成的县域内公共服务差距，进行优化调整、均衡配置、交流提高，实现县域内层级之间、不同区域之间公共服务均衡发展。第二，推进质量水平均等化。县域基本公共服务均等化的基本目标是公共服务质量水平均等，即对于同一公共服务内容县域内实现标准统一，居民在县域内可以根据实际需要自由选择公共服务内容和提供地。考虑到农村地区人口分散、公共服务成本相对较高，为实现质量水平均等必须建立成本补偿机制，即人均公共服务成本支出按照县城、乡镇、村庄逐级递增。第三，提高配置弹性。立足我国仍处于城镇化快速发展、城乡人口格局仍未定型的实际情况，县域基本公共服务均等化应强调动态适配性。改变过去单一强调向农村布局的导向，在村庄层次将质量提升置于首位，减少简单加法造成的无效供给，在县城层次则更为强调增加供给数量以满足需求。提高层级间的配置弹性，保留根据未来变动进行随时调整的空间。第四，着眼向上提升。县域基本公共服务均等化不是"拆散平均、向下拉平"，而是着力发挥县城的引领扩散作用，在保持县城已有公共服务水平不降低的前提下，发挥县城带动乡镇、乡镇带动村庄的作用。在这一过程中，县级以上尤其是大中城市公共服务部门和机构也要在技术、人才、资金、管理等方面发挥指导和支持作用，促进县域公共服务质量水平整体提升。

（二）优化细化县城、乡镇、村庄各节点功能定位，建构适应未来发展趋势的县域公共服务体系

适应未来县域经济社会发展和公共服务供求的新趋势，进一步打破层级分割，在县城、乡镇、村庄三级公共服务体系中，对各节点功能进行重新定位，构建完善更为紧密、高效、一体的县域公共服务体系。第一，将县城和个别中心镇建设成为县域公共服务中心。利用县城在县域内文明程度最高、技术实力最强、管理最为规范的优势，充分发挥公共服务引领扩散作用，制定服务标准、组织服务实施、提供技术支持，使县城成为县域内公共服务提升的"火车头"。县城进一步增强直接服务县域居民的能力，提升公共服务开放性，面向全县域居民提供各项便利服务，惠及众多进城农民，更好发挥示范作用。第二，将多数乡镇和少量中心村建设成为县域公共服务的分中心。根据乡镇人口减少和公共服务需求萎缩的趋势，对公共服务项目进行归并整合，提高效率、提升质量。乡镇公共服务应更多接受县级的业务管理指导、标准规范、技术支持，在一些公共服务领域可根据实际需要将乡镇公共服务部门明确为县级相应职能部门的下派机构。乡镇应同时强化对村庄公共服务的组织引导，发挥上传下达、引领扩散的作用。第三，将多数村庄建设成为便利化公共服务提供点。大多数村庄公共服务不再追求建制完整，而是发挥其贴近村民、即时直接的优势，主要满足村民便利化、应急性公共服务需求，如养老、医疗、基本市政服务。村庄公共服务紧密融入县域公共服务体系，在有需求时及时上传、对接，实现公共服务的完整化、标准化、高效化。

（三）以基础教育等四项任务作为突破重点，将推进县域基本公共服务均等化落于实处

现阶段推进县域基本公共服务均等化，应当以基础教育、医疗卫

生、养老服务和市政服务四项任务作为突破重点，通过资源优化配置，在 5～10 年内实现县域内均衡发展。未来，可根据居民公共服务需求变化、外部支撑条件改善和政府财政能力增长情况，不断拓展县域基本公共服务均等化的范围，持续提升县域公共服务整体水平。

第一，不断强化、拓展和完善现有教育联盟建设，实现县域内基础教育水平均等化。建立县城学校和乡镇学校、乡镇学校和村庄学校、教学质量较高学校和教学质量较低学校之间常态化轮岗机制，校长、教师等教学力量实行城乡双向交流，保障完善交流轮岗期间待遇安排，将乡村基层工作经历纳入职级晋升考核标准。利用互联网工具进行现场观摩、教学研讨、精品课程推广，辐射带动农村教育质量提升。按照教学质量优先、兼顾群众便利的原则稳妥推进农村撤点并校，农村学校和教学点不得强行撤并。农村学前教育下沉，推进"一村一园"建设，农村 3～5 岁学前幼儿实行就近入园、合理收费，逐步提升保育质量。地级市及以上教育力量对县域基础教育提供常态化、机制化支持。

第二，显著提升现有医疗卫生共同体合作紧密程度和效率效益，实现县域内医疗卫生水平均等化。试行"县管乡用""乡管村用"等灵活办法，加强医共体内医务人员调配使用。强化县域医疗机构培训实习、下沉指导等双向交流活动，灵活调节医疗服务收入用于人员奖励的比例，建立利益共享机制。提高医疗卫生服务灵活度，实行县域内处方流动、药品共享、双向转诊、统一报销。建立远程医疗协作网，实现县域医疗信息互联互通，探索网络会诊、手术。提升行业准入标准，提高工作经费和医疗服务补助，强化培训、考核力度，持续提升村医执业服务能力。地级市及以上医疗力量对县域医疗卫生提供常态化、机制化支持。

第三，持续完善县乡村三级养老服务网络，实现县域内养老服务水平均等化。建立健全县域老年人口信息系统，按年龄段、失能程度、患有的老年常见病等分门别类，精确和动态掌握县域养老需求。推动县城高标准养老事业发展，鼓励社会力量参与，建立社区化、专业化养老机构。乡镇养老院实行数量收缩、质量提升，打破行政区划限制，根据县域养老需求和空间特征布局农村区域养老中心，完善居住条件、服务设施、服务质量，提升规范化水平。村庄内主要实行居家养老和互助式养老，政府提供财政补助和规范指导，并将之与更高层级、其他方式养老相衔接。打通养老和医疗服务、费用报销之间的通道，提升医疗服务可及性、快捷度和便利度，为县域养老网络提供支撑。

第四，加快推进市政服务从县城向乡镇、从乡镇向村庄普及扩散，实现县域内基本市政水平均等化。明确将乡村纳入县域市政服务范围，实现县乡村市政服务统一规划、统一布局、统一提供、统一标准。随着基础设施不断完善，跟进公共服务提供，开展城乡统一的电、水、气、网络等服务。将公交服务引入农村，实行城市公交优惠政策，合理设计行车路线，改善乘车、候车体验，使大多数村庄人口享受到方便快捷、稳定可靠的公交服务，实现从"出门硬化路"到"抬脚上客车"的提升。加强农村人居环境后续服务管理，通过完善运营管理、成本分担、设施维护等机制，实现生活垃圾转运处理、卫生厕所清淘保洁、生活污水按标准处理等长期稳定运行。根据时代发展不断拓展农村基本政务服务内容，直至农村居民与县城居民享受同等政务服务。

推动城乡基本公共服务均等化是实现社会公平正义、为全面推进乡村振兴营造良好发展环境的重要途径。从整体上，推动基本公共服务城乡均等化离不开制度支持、财政支持和多元主体支持。

二、加强基本公共服务城乡均等化制度供给

（一）完善城乡基本公共服务均等化制度

当前，我国基本公共服务领域存在政策零散化、碎片化问题。推

动基本公共服务城乡均等化，关键在于以公平正义为价值取向，减少基本公共服务的城乡分割、身份分割、地域分割，加强城乡基本公共服务的政策衔接、制度整合，增强城乡基本公共服务的协同性、系统性。

一是打破户籍制度的障碍，推进农业转移人口的市民化。重点是逐步放开城市的落户限制，保障农村居民可以"进得来"，促进由行政区域、职业、身份的服务配套等转向以人为核心的基本公共服务资源配套，完善由以户籍为依据向常住人口覆盖、向居住证覆盖的基本公共服务体系，保证农业转移人口及其子女在城市能够公平享受到教育、医疗、就业等基本公共服务，实现基本公共服务的同城同待遇；同时破除城乡人才、资本、土地等要素自由流动的壁垒，完善城市各要素入乡的激励机制，推动城乡资源的统筹配置。

二是完善城乡基本公共服务均等化制度，丰富城乡基本公共服务的供给。打破基本公共服务共享的制度壁垒，消除社会权利实现的隐性不公平，打破基本公共服务制度的城乡二元对立，实现由制度全覆盖到人员全覆盖。推动以县城为重要载体的城镇化建设，围绕民生"七有"目标，完善县域内教育、医疗、养老等资源的均衡配置，推动城乡教育、医疗、社会保障、基础设施等基本公共服务制度一体化建设。全面提升提高农村公共基础设施建设、医疗卫生教育、社会保障及文化体育等基本公共服务供给水平、效率和质量，推动城乡交通等基础设施互联互通，逐步建立全民覆盖、普惠共享、城乡一体的基本公共服务体系。[①]

例如，近年来，浙江省嘉兴市海盐县积极在基本民生服务、公共事业服务领域推进城乡均衡发展，形成了一系列改革亮点，使农村老

---

① 穆克瑞：《新发展阶段城乡融合发展的主要障碍及突破方向》，《行政管理改革》2021年第1期。

百姓在村里就能享受到城市优质服务，符合国家政策导向，探索以标准化体系引领基本公共服务均等化实践。2017年在全面梳理各部门基本公共服务项目的基础上，海盐制定发布《海盐县基本公共服务清单》，确定涵盖了公共教育、就业创业、社会保险、医疗卫生、社会服务、住房保障、文化体育、残疾人服务等8个方面共117项服务项目，编制涵盖公共交通、教育、文化、卫生、社会保障、就业等8大方面共25项重点项目服务标准。探索编制《县域基本公共服务均等化实现度评价指标体系》，明确41项一级指标和60项二级指标。按照指标要求，每年对县级部门和镇（街道）进行考核评估，检验全县基本公共服务均等化实现度，并将评价结果纳入对镇（街道）和职能部门年度工作目标责任制考核，建立起结构合理、务实适用的评价指标体系。

（二）完善城乡公共服务均等化财政投入机制

增加对农村基本公共服务的财政投入是缩小基本公共服务城乡差距的物质基础。推进基本公共服务城乡均等化应坚持尽力而为、量力而行，在统筹地区经济发展水平和财政承受能力的基础上，增加对农村基本公共服务的财政投入和转移支付，促进农村基本公共服务量的增长、质的提升。

在财政投入层面，调整财政支出结构，注重对民生重点领域的投入，加大对农村基本公共服务的经济支持。要合理划分中央、地方政府基本公共服务供给的财政责任，在明确各级政府责任的基础上，加大中央、省级的财政支持，提高地方政府农村基本公共服务的财政供给能力。要健全农村基本公共服务财政投入调整机制，结合农村地区经济发展状况、人口结构、服务半径，针对农村留守老人、留守儿童、留守妇女等群体，相应地增加养老服务、教育、医疗、最低生活保障等财政预算支出。针对农村青年群体，相应地扩大社会保障、就业指导等的投入。

在转移支付上，纵向发挥中央财政资金引导作用，横向完善地区间财政转移支付机制，将更多财力向农村地区倾斜，向农村教育、医疗、社会保障等领域倾斜，向农村弱势群体和相对贫困人群给予有针对性、偏向性的资金支持，切实解决好这部分群体的社会保障问题、就业问题、子女上学问题，从而帮助弱势群体解决困难、减少主体不公平。逐步提高均衡性转移支付占一般性转移支付的比重，将民生重点领域财政转移支付事项，如义务教育等转移支付与均衡性转移支付并轨运行。① 要加大对转移支付资金运用的监督，提高转移支付使用效率，确保转移支付资金使用的精确性和透明性，真正发挥转移支付资金促进城乡基本公共服务均等化的经济支撑作用。

（三）构建基本公共服务城乡均等化多元供给格局

城乡基本公共服务均等化回应的是人民美好生活需要，涉及范围广、领域多、内容多。这要求凝聚社会各方力量，打造多元供给格局。一是健全党的领导体制，始终发挥党总揽全局、协调各方的作用，及时研究基本公共服务领域的重大问题，把人民群众关心的基本公共服务问题上升为党的意志，不断推动城乡教育、医疗、养老、健康、住房等领域的制度改革；加强党的基层组织建设，增强农村基层党组织的组织力、领导力，及时收集、回应群众的公共服务诉求。强化政府公共服务提供能力，从农民普遍关注、反映强烈、反复出现的问题出发，扩大公共服务覆盖范围和内容，将有限的资源向农村地区、重点人群倾斜；综合运用经济、行政、法律等手段，完善政府购买机制，构建政府、市场、社会互动沟通平台，鼓励和支持社会组织、市场力量在农村地区提供部分公共服务。二是完善利益表达机制、利益诉求

---

① 李轲：《共同富裕视角下基本公共服务均等化的制度性梗阻与纾解路径》，《河南社会科学》2022 年第 11 期。

机制和利益决策机制，使公共服务制度充分体现各群体的权利。采取线上与线下相结合的方式及时公开解读相关信息，改进政策传播、服务递送方式，提高社会成员信息获取能力和认知能力，让农民充分了解基本公共服务的权利与义务。完善农民参与公共服务的机制，推动"三治融合"，搭建协商共治平台，畅通群众参与公共服务的方式渠道。

三、推动教育服务城乡均等化

教育是全面推进乡村振兴的重要基础，通过提升人力资本、改变思想观念助力乡村振兴。受制于农村经济环境、社会环境、地理环境、人文环境等，农村教育水平还比较低。习近平总书记强调："推动城乡义务教育一体化发展，高度重视农村义务教育，办好学前教育、特殊教育和网络教育，普及高中阶段教育，努力让每个孩子都能享有公平而有质量的教育。"[①] 推动教育服务城乡均等化，要推进城乡教育要素的流动共享，完善乡村教育资源，促进城镇教育资源容量扩充。

（一）推动城乡教育要素互通共享

一是促进城乡教师的相互交流。完善市域内、县域内教师的轮岗交流机制，针对从城镇换岗交流到农村的老师，将其服务时间与个人待遇和职称晋升挂钩，增加城镇老师到乡村服务的积极性；针对有意愿到城镇学习提升的农村老师，要积极为其提供教育培育、业务指导。还应健全学校考核评价体系，将是否支持老师城乡轮岗作为学校发展评价的重要评价，从而鼓励学校积极参与城乡教师的轮岗交流。

二是促进城乡学生的相互交流。城乡的交流有利于学生享受到优质教育资源，实现城市文化与乡土文化的交融互补。乡村一些陈规陋习、封建迷信等可能会影响到孩子的观念，使他们缺乏现代社会的进

---

① 习近平：《论"三农"工作》，中央文献出版社 2022 年版，第 114 页。

取精神、法制观念等；而城市的孩子对乡村文化、农业文化了解得相对较少，甚者可能会存在轻视的态度。① 要完善城乡学校结对帮扶工作，积极开展城乡交流教育研学活动。

三是促进城乡教育资源的互通共享。"互联网＋教育"是促进城乡教育优质共享的重要途径。要利用互联网优化教育资源的供给方式和供给内容。在方式上，打造线上开放共享的教育服务平台体系，突破时间、空间的限制，扩大优质资源覆盖范围，弥合城乡教育的差距；在内容上，利用大数据充分识别受教育群体的需求，完善数字教育的评价反馈和监督管理机制，增强数字教育资源供给的精准性、针对性。

（二）合理配置乡村教育资源

一方面，加强乡村师资队伍建设。农村教师是提高农村教育水平的关键力量，是农村教育的关键支撑。一是多途径引进乡村教师，解决乡村教师数量不足的问题。完善乡村教师待遇保障机制，创新乡村教师编制管理，在职称评定上向农村倾斜，为其在乡村工作创造良好的工作环境，从而使乡村教师能够"引得来""留得住"。坚持定向培养制度，扩大定向培养规模，同时继续实施"特岗计划"和"农村教育硕士计划"，改革完善"公费师范生计划"，探索建立"农村教师硕士计划"。② 二是加大教育培训，解决乡村教师专业能力不足的问题。完善乡村教师学历提升、继续教育制度，为有意愿、有能力提升学历的乡村教师提供时间支持、经济支持。构建多层次培训体系，依托互联网实行网络研修，为乡村教师提供精准化的教育培育。通过专题培训、专项培训、送教下乡等方式，为乡村教师提供针对性的教育培育。通过本土化的培训，厚植乡村教师的乡土情怀，加强乡村教师思想素

---

① 卢海丽、张立国、高寒等：《城乡教育一体化视野下乡村义务教育优质均衡发展的困境及疏解》，《教育理论与实践》2023 年第 28 期。
② 《吸引乡村教师扎根大地教书育人》，《中国教育报》2022 年 4 月 7 日。

质建设。三是合理配置资源，解决乡村教师结构不合理的问题。针对乡村学科配置失衡的问题，合理配备音、体、美等紧缺学科教师。针对乡村教师年龄结构老化的问题，鼓励老教师有所为，同时选拔年轻力量充实乡村教师队伍。

另一方面，完善乡村教育基础设施。推进城乡一体的学校标准化建设，完善乡村学校基本设施设备，确保校园面积、食堂、图书馆、实验室、宿舍等基础设施达到国家标准。在此基础上，按照学生人数、班级规模标准与政策要求配齐教学用房和功能用房，按照师生数量、学校类型与配套服务功能配齐教学和生活设施设备，切实加强可移动的和对教育质量贡献度大的资源配置。[1] 此外，还应完善乡村学校的数字化建设，实现宽带到学校、到教室，实现网络课程、网上教育资源全覆盖。

（三）扩充城镇教育资源

一方面，实现教育资源覆盖常住人口。建立以户籍为依据向居住证转变的入学政策，解决进城务工人员子女的教育问题。应以常住人口为依据，实现城镇教育资源覆盖农民工子女，确保随迁子女有学上，并按照城镇教育承载量和农民工子女入学需求，对教育需求较大的地区在经费配置、教室资源硬件配置上给予倾斜支持。确保"两免一补"和生均公用经费基准定额资金随学生流动可携带，确保中央财政提高部分能够随着人口流动变成可携带的资源，创新义务教育转移支付与学生流动相适应的管理机制。[2]

另一方面，完善城镇学校布局规划。城乡之间、区域之间的人口

---

① 曾文婧、秦玉友：《乡村小规模学校办学条件问题分析与建设思路》，《教育科学研究》2018年第8期。

② 李晓琳：《进一步完善农民工随迁子女教育政策——基于对46个地级及以上城市的问卷调查》，《宏观经济管理》2022年第6期。

流动，造成学龄人口与学校学位供给之间的矛盾，一些城镇学校办学承载力处于超负荷状态，一些乡村学校闲置浪费。这就要求根据人口集聚、城镇化发展规律，对学校的位置、数量、容量进行重新规划，增强教育资源的可获得性与可达性。在城乡建设规划过程中，由教育部门牵头，联合相关部门和机构，共同开展学校布局规划，提前预留学校建设用地，做到学校布局规划与经济社会发展规划和城乡建设规划"同步规划、同步建设、同步验收、同步交付"①。

四、推动社会保障城乡均等化

社会保障是保障城乡居民共享发展成果、缩小城乡差距的重要途径。习近平总书记指出："要把农村社会救助纳入乡村振兴战略统筹谋划，健全农村社会救助制度，完善日常性帮扶措施。"② 可见加强农村包括社会救助在内的社会保障是全面推进乡村振兴、推动城乡基本公共服务均等化的重要举措。农村社会保障体系建设，要以实现制度全覆盖和人口全覆盖为前提，加快促进社会保障制度的公平性，进一步优化农村社会保障机制。

（一）实现社会保障的全覆盖

习近平总书记指出，要"把更多人纳入社会保障体系，为广大人民群众提供更可靠更充分的保障，不断满足人民群众多层次多样化需求，完善覆盖全民、统筹城乡、公平统一、可持续的多层次社会保障体系，进一步织密社会保障安全网"③。社会成员不分身份、职业、地区等，都面临着年老、疾病、失业、贫困等风险。当前，我国已经建

---

① 金志峰、庞丽娟、杨小敏：《乡村振兴战略背景下城乡义务教育学校布局——现实问题与路径思考》，《北京师范大学学报（社会科学版）》2019年第5期。
② 习近平：《论"三农"工作》，中央文献出版社2022年版，第115页。
③ 《习近平谈治国理政》第四卷，外文出版社2022年版，第343页。

成世界上规模最大的社会保障体系，但仍有部分群体还未被纳入社会保障范围。全民参保是实现社会保障互助共济功能，增强制度安全性，保障人民权益的应有之义。因此，应当取消参保的地域、身份、职业限制，实现社会保障制度的全覆盖和人口全覆盖。

一方面，实现制度的全覆盖。按照民生"七有"的目标，完善农村社会保险、社会救助和社会福利制度。比如健全农村基本养老服务制度，丰富农村养老服务内容、项目，完善农村家庭养老支持政策，使农村老年人老有所养、老有所为；健全农村社会救助制度，完善支出型贫困救助，防止农村居民因灾难性支出陷入贫困，完善物质救助、服务救助和精神救助。

另一方面，实现人口的全覆盖。解绑户籍和权益，实现户籍同就业、教育、医疗、卫生、社会优抚、福利等资格的挂钩。[1] 针对农民工群体和"三新"就业人群就业不稳定、流动性强、缴费能力不足等特点，以"降门槛"或者"补门槛"的方式消除其参保障碍。[2] 此外，应加大对社会保障的宣传力度，让农村居民了解企业、用人单位购买社会保险是其法定义务；提高农村居民对社会保障政策的知晓率，明晰个人的社会保障权利与义务，让其了解到参加社会保障的重要性，以及如何才能参加、能够获得何种保障，解决"不了解、不愿意参保、不想参保"的问题。

（二）推进城乡社会保障的公平性

由于城乡社会保障的不平衡发展，农村社会保障的不充分，农村居民难以享受到城镇居民的社会保障待遇。随着经济发展水平的提高，乡村振兴战略的实施，农村社会保障待遇水平不断提升，但城乡之间、

---

① 翟绍果、徐天舒：《从城乡统筹到助推共同富裕：社会保障的现实挑战、制度逻辑与渐进路径》，《中共中央党校（国家行政学院）学报》2023 年第 2 期。

② 朱小玉、杨良初：《基本养老保险覆盖全民问题研究》，《财政科学》2021 年第 3 期。

区域之间的差距仍比较大。城镇退休人员基本养老金已达每人每月平均 3326 元，城乡居民基本养老保险每人每月平均仅 179 元。[①] 2022 年，全国城市低保平均保障标准 752.3 元/（人·月），全国农村低保平均保障标准 582.1 元/（人·月）；城市社区综合服务设施覆盖率 100%，农村社区综合服务设施覆盖率 84.6%。[②]

为缩小城乡社会保障差距，首先，应加大对农村社会保障的财政投入，补齐农村社会保障的短板，加大对农民基本养老保险、基本医疗保险的待遇补贴。其次，应多渠道筹集资金，建立"多缴多得""长缴多得"机制，逐步提高最低缴费档次，并相应提高多缴、长缴多得补贴水平和待遇水平，为个人缴费提供稳定的社会保障待遇预期；同时大力发展慈善事业，创新慈善力量参与社会救助、社会福利的内容、方式，弥补农村社会保障的不足。最后，应健全农村社会保障项目，保证农村居民享有平等的社会保障权益，在完善农村地区社会救助和社会保险的基础上（如工伤保险将农村劳动者纳入其中），推进儿童福利制度、老人福利制度和家庭发展政策的完善，满足农村居民更高层次的社会保障需求。此外，还应完善城乡社会保障的转移接续政策，实现城乡社会保障的跨区域流动、跨制度转移。

（三）优化社会保障机制

由于统筹规划不足，农村社会保障项目之间存在碎片化问题，政策的制定与执行往往分散在多个部门，造成各主体间责任不清晰，各部门相互推诿。加之一些社会保障项目统筹层次比较低，导致部分社会保障项目难以落实到位。

一方面，完善社会保障政策供给机制。采取自上而下与自下而上

---

① 《城乡养老保障差距较大　全国人大常委会委员建议动态调整城乡居民基础养老金标准》，《法治日报》2023 年 1 月 11 日。

② 数据来源：《2022 年民政事业发展统计公报》。

相结合的政策制定模式，根据农村地区人口结构、年龄结构、地理环境等设定社会保障制度的缴费率、待遇水平和领取条件方式；畅通农村居民参与社会保障的渠道、方式，在社会保障政策顶层设计中，广泛吸纳民智，回应农村居民的社会保障诉求。完善社会保障立法，加快制定、修订社会保障所需要的法律法规，保障社会建设有法可依，例如加快困难群体权益保护的立法，推动社会福利立法、社会优抚立法，将个人的权益以法律形式予以保障和确定。从中央层面、国家层面提高农村社会保障政策的级别，注重与其他部门立法、政策内容相协调，提高立法质量，制定约束性、可操作性强的农村社会保障法律法规。

另一方面，完善社会保障政策执行机制。完善政策执行配套环境，为农村社会保障的落地提供环境支撑。如在养老服务方面，提供可供老年人接受日间照料服务的物理空间，帮助老年人开展适老化改造。健全社会保障管理机制，加强对社会保障事务的管理和监督，构建适宜于农村的社会保障管理模式，充分利用现代信息化技术，提高农村社会保障经办人员的工作能力和素质，简化农村居民社会保障事务申请、办事程序，提高社会保障服务质量和效率。加强社会保障执法监督，严厉打击侵犯农村居民社会保障权利的行为。

五、推动基本医疗服务城乡均等化

2022年6月，习近平总书记在四川省眉山市永丰村考察调研时强调，"乡亲们吃穿不愁后，最关心的就是医药问题。要加强乡村卫生体系建设，保障好广大农民群众基本医疗"。进入新时代，农村居民更加追求生活的质量，期待更高水平的医疗卫生服务。推动基本医疗服务城乡均等化，应从资源配置、人才队伍、成本补偿等方面提供农村基本医疗服务的可达性、可获得性、可支付性。

（一）优化农村医疗资源配置

一是优化农村医疗机构布局。要充分考虑交通成本、时间成本等因素，科学规划公共服务设施的空间布局，保障民众享受医疗卫生服务的便利性，防范民众受到基本医疗卫生服务的空间排斥。[①] 原则上每个行政村依托村党群服务中心设置 1 所村卫生室，提升农村医疗服务的可达性。对于面积较大、人口较多的行政村，应根据实际需求增加卫生室设置。对于服务半径小、邻近的行政村，应鼓励合设村卫生室。对于邻近乡镇卫生院、人口较少的行政村，可通过乡镇卫生院定期巡诊、派驻以及邻村延伸服务等方式，保障基本医疗卫生服务供给。对于边远山区、脱贫地区等特殊地区，应完善"上门探访"和"流动服务"机制，改善村卫生室的服务提供方式。

二是拓展县域医疗卫生机构服务功能。提升县级医院综合服务能力，提供县域内常见病、多发病、慢性病诊疗，畅通上下转诊通道，落实分级诊疗技术标准，向疑难杂症患者及时提供向上转诊服务，接收超出乡镇卫生院能力范围的患者。明确乡镇卫生院上下转诊的定位，对乡镇卫生院的上下转诊中心进行明确的定位，完善双向转诊标准、工作程序，提升承接上级医院下转的患者进行康复服务的能力，同时对乡镇卫生院的建设和装备标准进行提高，促进优质医疗资源下沉乡镇，以加强乡镇卫生院开展常规手术、急救治疗的能力。发挥村卫生室小病救治的基础作用，对村卫生室实行标准化建设，完善村卫生室药品配备，允许具备条件的村卫生室拓展中医、康复、医养结合等服务项目。

三是配齐医疗药品设备。明确村卫生室医疗服务的定位，在常态

---

① 黄亚新、王长青：《从失配到适配：农村医疗卫生服务可及性的逻辑转换》，《学海》2022 年第 5 期。

化抓好村卫生室公共服务功能的基础上，尽快提升村卫生室的医疗服务水平。在现有建设标准下，根据区域特点完善基础设施，加强县医院、乡镇卫生院对村卫生室的设备支持，并允许村卫生室根据诊疗服务内容合理定制诊疗设备。保障村卫生室就医用药需求，根据村里人口数量、年龄结构，围绕常见病、多发病，建立台账，尤其需精准识别老年人、儿童、孕产妇等群体的用药需求，开展精准服务。

（二）加强农村医疗人才队伍建设

一是加大本土人才的培养提升。从目前在岗的村卫生室从业人员中按照年龄、资格证、学历等标准，选取村医进行专业知识教育的脱产培训。围绕基本医疗项目、基本公共卫生项目、基本用药目录，定期对村医提供适宜的技术轮训，内容包括常见多发病初步诊疗、慢性病的健康管理、基本的疫苗接种服务等，指导村医合理用药、规范职业，增强村医服务能力和服务水平。采取相应的激励机制，如增加待遇、畅通上升空间、纳入编制管理等，调动村医继续学习的积极性、主动性，不断提升自我发展能力。

二是多渠道引才。打造农村医疗卫生人才库，完善农村医疗卫生人才培养机制，根据乡村人口、地域面积、工作负担，增加农村全科、儿科等紧缺人才供给，补充村医数量。逐步扩大农村订单定向医学生培养规模，通过完善协议服务政策、诚信制度，解决基层医疗卫生人员的保险、工资待遇等基本问题。落实向重点地区和缺少村医的偏远村卫生室倾斜政策，因地制宜降低引才门槛、简化引才程序、放宽引才年龄，制订实施增加大学生乡村医生专项招聘计划。

三是统筹县域内人才资源。推动县（区）、镇、村医疗业务指导交流，建立健全定期向村派驻医务人员工作机制，鼓励上级医院专业素质水平较高的医生到农村进行定期义务服务。建立医共体的内部竞争和激励机制，打通医共体内部人员的双向流动和晋升渠道，将到农村医疗机构服务时间与个人晋升空间相挂钩，支持农村基层医疗机构从业人员到上级机构免费进修学习。

（三）提高农村医疗保险水平

一是推进城乡居民基本医疗保险参保扩面。开展农村居民参保状况摸底，对未参保人员进行情况分析，做到动态数据摸排、逐个排查到人，对未参保人员未参保原因进行登记，做到因事、因人施策。对于不愿参保的群体，开展进村入户面对面、一对一讲解，提高群众对医疗保险的认知度、知晓度和支持率。对于无经济能力参保的群众，根据实际情况进行审查分析，及时提供参保资助，避免因病致贫、因病返贫。对于参保渠道不畅通的群众，为村民提供就近办理参保登记服务。针对部分行动不便的老年人，提供全程帮办代办服务。

二是加大医保基金支持力度。"要健全医保筹资和待遇调整机制，逐步建立同经济社会发展水平、各方承受能力相适应的基本医保稳定可持续筹资机制，健全与筹资水平相适应的基本医保待遇调整机制，各级财政要加大对城乡居民基本医保特别是大病保险的投入力度。"[1]逐步将所有村卫生室纳入医保定点范围，支持分级诊疗和家庭医生签约服务，提高村卫生室信息化服务水平，探索开发可在移动互联网终端操作的结算程序，实现村卫生室及时结算。根据地区经济发展水平，逐步提高医保基金用于乡村医疗卫生机构的比例。通过降低起付线、提高止付线、提高报销比例等手段，着力提高农村医疗保险的保障水平，扩展参保农民在制度中的获益空间。[2]进一步增加财政一般预算支出用于卫生健康的比重，拓展筹资渠道，提高公共筹资占比，降低灾难性卫生支出风险。构建包括基本医疗保险、大病保险、医疗救助在

---

① 习近平：《论"三农"工作》，中央文献出版社 2022 年版，第 113 页。
② 于大川、李嘉欣、蒋帆：《农村医疗保险能否巩固脱贫攻坚成果——基于贫困脆弱性视角的检验》，《金融经济学研究》2022 年第 2 期。

内的多元化、多层次的保障格局，充分发挥市场和社会的作用，加快发展商业健康保险，统筹调动慈善医疗救助力量，为农村居民提供更高水平、更加优质的医疗服务，切实减轻群众就医负担。

三是推进农村医疗卫生机构长效发展。将医疗卫生政策、资金向农村地区、重点群体倾斜，鼓励经济条件较好的地区加大对乡镇卫生院、村卫生室的支持，并且利用政府大数据对乡镇医疗机构供给能力进行精准识别，精准掌握当前不同层级医疗机构的医疗卫生服务的承载能力，在此基础上完善转移支付机制，使各级政府财政能力与医疗卫生服务供给责任相匹配。健全管理机制，统筹镇村两级资源，严格落实省和区县级财政基本药物补助、一般诊疗费、基本公共卫生项目经费补助，全面提高乡村医生待遇，切实解决村医的养老保障问题。发挥科技支撑作用，积极发展智慧医疗，搭建医疗公共平台，让远程医疗覆盖到每个村卫生室，与各类需求的群体建立互动机制，实现在线指导村医诊疗。

第九章

坚持和加强党的领导，全面发力 推进乡村振兴

"党管农村"源于历史，是党植根农村的实现形式。纵观党百年历程，中国共产党一直把依靠农民、为亿万农民谋幸福作为自己的责任使命。中国共产党在不同时期实行的农村政策，调动了亿万农民的积极性，带领亿万农民走出了一条前所未有的、具有中国特色的农村发展之路，历史经验弥足珍贵。无疑，党管农村贯穿始终，农村既有党的组织堡垒，也有党的党员先锋，还有各种形式的群众自治组织在党组织的领导下，形成了活跃的党领导农村工作格局。实践证明，坚持和加强党的领导，更能有效引领农村走在正确的方向，推动了"三农"工作不断发展，这也是新时代全面推进乡村振兴的强大驱动力。进入新时代，以习近平同志为核心的党中央旗帜鲜明提出，党的领导是党和国家的根本所在、命脉所在，是全国各族人民的利益所系、命运所系，全党必须自觉在思想上政治上行动上同党中央保持高度一致，提高科学执政、民主执政、依法执政水平，提高把方向、谋大局、定政策、促改革的能力，确保充分发挥党总揽全局、协调各方的领导核心作用。党的二十大擘画了以中国式现代化全面推进中华民族伟大复兴的宏伟蓝图，全面建设社会主义现代化国家，最艰巨最繁重的任务仍然在农村。新发展阶段，全面推进乡村振兴需要完整、准确地领会习近平总书记关于乡村振兴的重

要论述和重要指示，充分发挥党的领导政治优势，让乡村振兴成为全党全社会的共同行动。展望未来，全面建设社会主义现代化国家，"三农"依然发挥着"压舱石"的重要作用，同时最艰巨最繁重的任务也依然是解决好"三农"问题，因此，必须继续将解决好"三农"问题作为全党工作的重中之重。

第一节　全面推进乡村振兴必须始终坚持党的全面领导

强国必先强农，农强方能国强。全面建设社会主义现代化国家的首要任务就是全面推进乡村振兴，全面推进乡村振兴是新时代建设农业强国的重要任务。在庆祝中国共产党成立 100 周年大会上，习近平总书记代表党和人民庄严宣告："经过全党全国各族人民持续奋斗，我们实现了第一个百年奋斗目标，在中华大地上全面建成了小康社会，历史性地解决了绝对贫困问题，正在意气风发向着全面建成社会主义现代化强国的第二个百年奋斗目标迈进。"回顾党领导乡村建设百年历程，始终坚持党的领导作为首要的政治要求，牢牢抓住乡村工作的主动权，为奋力谱写新时代乡村全面振兴新篇章作贡献。无疑，全面发力推进乡村振兴的首要出发点是强化党的组织领导，始终坚持党对乡村建设的全面领导、坚持实事求是的乡村建设工作原则、坚持把解决好"三农"问题摆在党治国理政的突出位置。

一、党领导农村工作源于历史，是植根农村的重要法宝

中国特色社会主义大厦需要四梁八柱来支撑，党是贯穿其中的总的骨架，乡村振兴是实现中华民族伟大复兴的一项重大任务，必需坚

持党领导农村工作，为乡村建设事业不断进步提供根本思想保障保证。在不同的历史阶段，党始终坚持服务农民、依靠农民、发动农民、组织农民，加强对广大农民的政治引领、思想引领、组织引领，统领各方，与时俱进，推进乡村建设事业取得一个又一个胜利。新民主主义革命时期，正是在党的全方位领导下，农民阶级、工人阶级与人民军队水乳交融、生死与共、浴血奋斗，取得了新民主主义革命的伟大胜利。在社会主义革命和建设时期，在党领导的改革开放、社会主义新农村建设的进程中，建立健全农村基层党组织，巩固党领导乡村建设工作的组织抓手，持续提升党的乡村建设治理能力，党对乡村建设的全面领导不断巩固，成为我国乡村建设事业发展的有力法宝。党的十八大以来，党将"三农"工作放在全党工作重中之重的位置上，坚持农业农村优先发展，打赢了具有人类历史上绝无仅有的脱贫攻坚战，全面建成了小康社会，并提出实施乡村振兴战略。回顾历史，中国共产党重视"三农"工作一以贯之。实践表明，只有坚持党对乡村振兴的全面领导，切实提高党把方向、谋大局、定政策、促改革的能力和定力，才能保证我国乡村振兴沿着正确方向前进。

二、党领导农村工作着眼现实，是乡村振兴的有效抓手

党的全面领导的难点在于如何将农民有效组织起来，组织优势和政治优势在农村由于缺乏载体嫁接，党员的先锋模范作用发挥不明显，推动党建引领延伸触角不够，党领导农村工作面临力量支撑不足的问题。随着现代化建设的不断发展推进，在农民不断增收的同时，农村社会的分化也会不断加剧，将农民组织起来的难度会越来越大。越是面对这一难题，就越要坚持党的全面领导原则，通过建强农村党组织战斗堡垒、建强农村党员队伍、强化农村党组织对其他组织的领导，构建党组织为顶端的农村工作格局，有效整合农村人、财、物等各类

资源，实现村党组织的组织功能、组织优势、组织力量最大化，推动农村各项事业有力有序高质量发展。进入中国特色社会主义新时代，立足世界百年未有之大变局，以习近平同志为核心的党中央与时俱进地领导打赢了脱贫攻坚战，实施乡村振兴战略。正是由于着眼现实问题，始终坚持党的全面领导，坚持将马克思主义与中国国情相结合、与中国"三农"实际相结合，因时因地制定和调整"三农"政策、完善领导方法，才得以走出了一条中国特色的乡村振兴之路。

三、党领导农村工作注重方法，是五大振兴的引擎动力

乡村振兴各项政策，最终要靠农村基层党组织来落实。有序推进乡村振兴工作，必须要坚持党的全面领导，因此，方式方法问题至关重要，好的方式方法是解决问题的关键，对于推动乡村振兴具有重要启发意义。实施乡村振兴战略，对于农村而言，最重要的是推进组织振兴、人才振兴、产业振兴、文化振兴和生态振兴，其中组织振兴是根本保障，党管农村就鲜明体现在组织振兴上。中国共产党是乡村振兴的主心骨，而广大农村党员干部是乡村振兴的"领头雁"。坚持党的领导不是抽象的，而是具体的、实实在在的行动，也是未来我们实现乡村全面振兴、走向共同富裕的最大前提。推进组织振兴是加强党的领导的实现形式。要深入推进农村党组织"五个基本"建设，基本组织要设置规范，基本队伍要建设规范，基本制度要执行规范，基本活动要开展规范，基本保障要落实规范，以规范化推动组织振兴，确保党的领导全面体现贯穿到乡村振兴的各领域全过程。通过党的全面领导，不断健全中央统筹、省负总责、市县抓落实的农村工作领导体制，省、市、县级党委定期研究乡村振兴工作，坚持实施农业农村优先发展的方针，不断地以更大力度推动乡村振兴。

第二节　加强党的领导是全面推进乡村振兴的根本保障

加强党全面领导"三农"工作是由中国共产党的宗旨使命所决定的。中国共产党自成立之日起，就把为中国人民谋幸福、为中华民族谋复兴作为初心使命，脱贫攻坚、巩固脱贫攻坚成果、全面推进乡村振兴，都是中国共产党初心使命的生动体现。在新民主主义革命时期，党团结带领广大农民"打土豪、分田地"，实行"耕者有其田"，帮助穷苦人翻身得解放，赢得了最广大人民的广泛支持和拥护，夺取了中国革命胜利，建立了新中国，为摆脱贫困、促进农村发展创造了根本政治条件。新中国成立后，党团结带领人民完成社会主义革命，确立社会主义基本制度，推进社会主义建设，为摆脱贫困、改善广大农民的生活打下了坚实基础。改革开放以来，党团结带领人民推动农村改革开放，实施了大规模、有计划、有组织的扶贫开发，着力解放和发展社会生产力、保障和改善民生，农村的减贫与发展取得了前所未有的伟大成就。新时代十年，党中央带领全国人民实施脱贫攻坚，党的十九大提出实施乡村振兴战略，脱贫攻坚取得全面胜利，乡村振兴实现良好开局，为全面建设社会主义现代化国家奠定了基础。

尽管我国乡村发展成就巨大，但是城乡发展的不平衡性依然突出，乡村人口相对于城市人口在发展机会、生活环境、社会保障制度等方面的较大差距依然是现代化进程中的突出短板。习近平总书记指出："如果在现代化进程中把农村四亿多人落下，到头来'一边是繁荣的城市、一边是凋敝的农村'，这不符合我们党的执政宗旨，也不符合社会主义的本质要求。"① 实施乡村振兴战略就是要通过持续推进农业农村

---

① 习近平：《论"三农"工作》，中央文献出版社 2022 年版，第 276 页。

现代化，带领广大农村人口同城市人口一起在社会主义现代化道路上逐步实现共同富裕，体现了中国共产党一切为了人民，将人民群众的切身利益作为自己工作的出发点和落脚点的政治要求。

一、加强党的领导为全面推进乡村振兴提供思想保障

习近平总书记强调，"办好农村的事情，实现乡村振兴，关键在党"，全党务必充分认识新发展阶段做好"三农"工作的重要性和紧迫性，坚持把解决好"三农"问题作为全党工作的重中之重，举全党全社会之力推动乡村振兴。无疑，思想是行动的先导，要想凝聚全党全社会之力推动乡村振兴，就必须坚持党的全面领导。因此，要强化政治建设，不断增强"四个意识"、坚定"四个自信"、做到"两个维护"，不折不扣贯彻落实以习近平同志为核心的党中央作出的决策部署；要强化思想建设，不断加强党员干部的党性和道德教育，坚定理想信念，坚守共产党人的精神追求，始终保持党的先进性、纯洁性。

二、加强党的领导为全面推进乡村振兴提供人才保障

凡是发展繁荣的乡村，都有一个团结、积极、肯做事的班子。乡村振兴，离不开基层党组织的"领头雁"带动，好的带头人是发展的保障。乡村振兴，关键在人、关键在干。必须建设一支政治过硬、本领过硬、作风过硬的乡村振兴干部队伍。人才是发展现代农业的核心要素，是助推乡村振兴的重要力量。全面推进乡村振兴，人才是关键，而这关键的关键是坚持党的全面领导。因此，通过加强党对乡村人才工作的全面领导，将乡村人才振兴纳入党委人才工作总体部署，引导各类人才向农村基层一线流动。通过加强党对乡村人才工作的全面领导，强化保障措施，吸引各类人才在乡村振兴中建功立业。坚持育引

并举，既要根植乡土，加大本土人才培育力度，调动"田秀才""土专家"的热情，也要筑巢引凤，引导人才投身乡村建设，让更多"农创客""新农人"扎根广袤田野。加强政策扶持，持续完善关爱保障机制，激励各类人才在农村广阔天地大施所能、大展才华、大显身手，没有后顾之忧。

三、加强党的领导为全面推进乡村振兴提供组织保障

乡村振兴各项政策，最终要靠农村基层党组织来落实，而基层党建为党的领导提供了坚实的组织基础。经过多年实践，中国共产党已经形成了一整套上下贯通、内外联结的组织体系。党在乡村既有政治优势，又有组织优势。只有基层党组织才有能力贯彻执行党中央的方针政策，才能统筹协调各种经济力量和社会力量。农村和基层党的组织肩负着领导乡村振兴和党自身建设的双重使命，乡村振兴希望在党、关键在党。自治、法治和德治"三治合一"的治理体系得到完善和健全。持续打击黑恶势力、宗族山头，促进了社会主义新风尚、新道德的弘扬，公共服务、文化教育水平的迅速提高。生活日益改善使人民群众由衷相信，跟中国共产党走，幸福美好生活必定在前方。

第三节　如何坚持和加强党的领导，全面发力 推进乡村振兴？

在习近平总书记关于抓党建促乡村振兴的重要论述指引下，在巩固拓展脱贫攻坚成果同乡村振兴有效衔接、全面推进乡村振兴、扎实推动共同富裕的进程中，做好新时代新征程抓党建促乡村振兴工作，需要从以下方面精准发力。

一、坚持和加强党的领导，全面学习贯彻习近平总书记关于"三农"工作的重要论述

习近平总书记强调，"各级党委和领导干部要自觉讲政治，对国之大者一定要心中有数，要时刻关注党中央在关心什么、强调什么，深刻领会什么是党和国家最重要的利益、什么是最需要坚定维护的立场"①。党的十八大以来，在以习近平同志为核心的党中央的坚强领导下，全党和全国人民团结一致，砥砺前行，全面打赢脱贫攻坚战，为全人类减贫事业作出了卓越贡献。脱贫攻坚的伟大实践，充分展现了我们党领导亿万人民坚持和发展中国特色社会主义创造的伟大奇迹，充分彰显了中国共产党领导和我国社会主义制度的政治优势。脱贫攻坚的伟大成就，极大增强了全党全国人民的凝聚力和向心力，极大增强了全党全国人民的道路自信、理论自信、制度自信、文化自信。这些成就的取得，归功于以习近平同志为核心的党中央的坚强领导，习近平总书记亲自谋划、亲自挂帅、亲自督战，推动实施精准扶贫精准脱贫基本方略。全面推进乡村振兴，这是"三农"工作重心的历史性转移。农业农村发展取得新的历史性成就，为党和国家战胜各种艰难险阻、稳定经济社会发展大局，发挥了"压舱石"作用。实践证明，以习近平同志为核心的党中央驰而不息重农强农的战略决策完全正确，党的"三农"政策得到亿万农民衷心拥护。在新发展阶段，全面推进乡村振兴落地见效，就要把习近平总书记重要讲话精神和党中央决策部署落到实处。全党和全国人民必须要全面学习、系统贯彻习近平总书记关于"三农"工作的重要论述，切实理解精神实质，把握核心要义，紧密结合具体实际学懂弄通做实。要始终遵循党的农村工作基本

---

① 本书编写组编《自我革命：将全面从严治党进行到底》，新华出版社 2023 年版，第 81 页。

经验，奋力开创"三农"工作新局面。

强化理论武装。以习近平新时代中国特色社会主义思想武装头脑指导实践推动工作，当前就是要学习宣传贯彻党的二十大精神，弘扬伟大建党精神和脱贫攻坚精神，全面推进乡村振兴。组织农村基层党组织以群众喜闻乐见的方式开展广泛深入宣传，使习近平新时代中国特色社会主义思想和党的惠农政策进入千家万户，引导广大群众树立主人翁意识，增强内生发展动力，积极投身宜居宜业和美乡村建设，切实提高干部群众培训的精准性有效性，促进农村党员群众能力提升。

二、坚持和加强党的领导，全力推动实现乡村振兴战略目标

实施乡村振兴战略，总目标是农业农村现代化，总方针是坚持农业农村优先发展，总要求是产业兴旺、生态宜居、乡风文明、治理有效、生活富裕，制度保障是建立健全城乡融合发展体制机制和政策体系。习近平总书记强调，"中国人的饭碗任何时候都要牢牢端在自己手中，我们的饭碗应该主要装中国粮"①。因此，要坚持把解决好吃饭问题作为首要任务，牢牢掌握国家粮食安全的主动权，端牢中华民族的"铁饭碗"。要坚持乡村振兴"一盘棋"、一张蓝图绘到底，统筹推进乡村经济建设、政治建设、文化建设、社会建设、生态文明建设和党的建设工作，推动"三农"全面协调发展。要加快发展乡村产业，完善利益联结机制，让农民更多分享产业增值收益。要加强社会主义精神文明建设，弘扬和践行社会主义核心价值观。要加强农村生态文明建设，以钉钉子精神推进农业面源污染防治，加强土壤污染、地下水超采、水土流失等治理和修复。要深化农村改革，加快推进农村重点领域和关键环节改革，激发农村资源要素活力。要实施乡村建设行动，

---

① 习近平：《论"三农"工作》，中央文献出版社 2022 年版，第 130 页。

在推进城乡基本公共服务均等化上持续发力。要推动城乡融合发展见实效，健全城乡融合发展体制机制。要加强和改进乡村治理，提高乡村善治水平。要坚持以实干促振兴，遵循乡村发展规律，规划先行，分类推进，加大投入，扎实苦干，推动农业全面升级、农村全面进步、农民全面发展，谱写新时代乡村全面振兴新篇章。

三、坚持和加强党的领导，全力加强党的农村工作组织建设

党的基层组织是党在社会基层组织中的战斗堡垒，是党的全部工作和战斗力的基础。各级基层组织要不断提升政治能力、服务能力和治理能力，以新担当新作为全力推动乡村振兴走在前列。乡村振兴是为农民而兴，基层党组织要充分发挥战斗堡垒作用，充分调动广大农民群众参与乡村建设的积极性、主动性、创造性，激发乡村振兴内生动力，夯实乡村振兴之基。要强化党建引领，坚持重点工作推进到哪里，党建引领作用就充分体现在哪里，不断把党的组织优势转化为基层治理效能。要对标党中央的方针政策部署工作、提出措施，及时纠正偏差，确保不偏向、不变通、不走样，切实把党的领导落实到乡村振兴战略的各方面、全过程。在县域统筹、集聚发展、政策扶持、改革创新方面着力发展村集体经济。

要深入贯彻落实《中国共产党农村工作条例》，强化五级书记抓乡村振兴的工作机制。要健全中央统筹、省负总责、市县抓落实的农村工作领导体制，省、市、县级党委要定期研究乡村振兴工作。县委书记应当把主要精力放在"三农"工作上。建立乡村振兴联系点制度，省、市、县级党委和政府负责同志都要确定联系点。开展县乡村三级党组织书记乡村振兴轮训。加强党委农村工作领导小组和工作机构建设。充分发挥各级党委农村工作领导小组牵头抓总、统筹协调作用，

成员单位出台重要涉农政策要征求党委农村工作领导小组意见并进行备案。强化党委农村工作领导小组办公室决策参谋、统筹协调、政策指导、推动落实、督促检查等职能，每年分解"三农"工作重点任务，落实到各责任部门，定期调度工作进展。充分发挥农村基层党组织领导作用，持续抓党建促乡村振兴。坚持和完善向重点乡村选派驻村第一书记和工作队制度。加强对农村基层干部激励关怀，提高工资补助待遇，改善工作生活条件，切实帮助解决实际困难。拓展新时代文明实践中心建设，深化群众性精神文明创建活动。

四、坚持和加强党的领导，全力完善农村发展工作制度

求木之长者，必固其根本。全面发力推进乡村振兴必须充分发挥各级党委农村工作领导小组"三农"工作牵头抓总、统筹协调等作用，一体承担巩固拓展脱贫攻坚成果、全面推进乡村振兴议事协调职责。推进各级党委农村工作领导小组议事协调规范化制度化建设，建立健全重点任务分工落实机制，协同推进乡村振兴。加强各级党委农村工作领导小组办公室建设，充实工作力量，完善运行机制，强化决策参谋、统筹协调、政策指导、推动落实、督导检查等职责。

乡村振兴是一项长期的系统工程，涉及多个方面多个层级，需要统筹协调、合力推进、久久为功。要将我国新时代"三农"工作推进中形成的组织推动、要素保障、政策支持、协作帮扶、考核督导等工作机制，根据实际需要运用到推进乡村振兴，建立健全上下贯通、精准施策、一抓到底的乡村振兴工作体系中。各地要围绕"五大振兴"目标任务，设立由党委和政府负责同志领导的专项小组或工作专班，建立落实台账，压实工作责任。健全自治、法治、德治相结合的乡村治理体系。深入推进平安乡村建设。建立健全农村地区扫黑除恶常态

化机制。持续推进农村移风易俗，推广积分制、红白理事会等做法，加大铺张浪费、封建迷信等不良风气治理。健全乡村振兴考核落实机制。各省（自治区、直辖市）党委和政府每年向党中央、国务院报告实施乡村振兴战略进展情况。对市县党政领导班子和领导干部开展乡村振兴实绩考核，纳入党政领导班子和领导干部综合考核评价内容，加强考核结果应用，注重提拔使用乡村振兴实绩突出的市县党政领导干部。对考核排名落后、履职不力的市县党委和政府主要负责同志进行约谈，建立常态化约谈机制。强化乡村振兴督查，创新完善督查方式，及时发现和解决存在的问题，推动政策举措落实落地。要持续纠治形式主义、官僚主义，切实减轻村级组织不合理负担。

第十章

实践探索：推进乡村振兴全面发力现实案例

第一节　产业发展实践案例

一、天府粮仓国家现代农业产业园：建圈强链育"天府好粮"

成都市第十四次党代会召开以来，全市上下始终牢记"走在前列、起好示范"嘱托，全面落实党中央、省委相关决策部署，围绕"产业兴旺、生态宜居、乡风文明、治理有效、生活富裕"的乡村振兴总要求，奋力书写出"农业强、农村美、农民富"的成都新篇章。

（一）背景导读

天府粮仓国家现代农业产业园位于成都市崇州市，辖区面积289平方千米，覆盖5镇1社区，共60个村、23.6万人、28.77万亩耕地，是成都市唯一以粮油产业为主的国家现代农业产业园，也是"农业共营制""农业职业经理人"等改革的发源地。近年来，天府粮仓国家现代农业产业园以"天府粮仓"核心功能为承载，先后获评国家农村创新创业园区、四川省五星级现代农业园区、四川省科技创新工作先进园区，该园区建成两个十万亩粮食高产稳产高效综合示范基地。作为"天府粮仓"成都片区的核心区域，成都市天府粮仓国家现代农业产业园贯彻省、市决策部署，承担着提升粮油产业发展能级的核心任务，其发展对四川和全国粮油产业实现转型升级具有极为重要的示范引领效应。产业园充分发挥国家级现代农业园区的示范牵引和重要支撑作用，深入推进城乡融合发展。崇州将以打造"天府粮仓"国家现代农业产业园、全面推进乡村振兴、促进生态价值创造转化为突破口，塑造"公园城市乡村表达示范区"核心功能。着眼建设天府粮仓国家现代农业产业园，一手抓"保地稳粮"，持续深化"农业共营制"向"崇州共营制"的转型升级，争取打造全域"共建共营共享"的崇州样板。

（二）主要做法及重要成效

从总体上看，崇州作为成都"天府粮仓"核心示范区，近年来都是天府好粮油的生产区，粮油主导产业发展已经粗具规模。崇州辖区内的成都市天府粮仓国家现代农业产业园，具备优越的基础条件、优化的管理制度和较为完善的产业体系，现代农业产业发展势态良好。同时崇州现阶段也存在耕地资源减少、土壤污染严重、人力资源短缺的困境，面对乡村旅游消费市场升温、食品安全需求提升、政策叠加等发展机遇，崇州如何解决好劳动力成本上升、农业全产业链布局较晚、农商文旅体融合发展面临同质化竞争这三大挑战，尝试走出一条具有崇州特色的农业发展道路，是一项极为艰巨的挑战。

1. 创新"高标准农田＋"模式，建设高产高效的"天府好田"

打造"天府粮仓"核心示范区，既要在耕地数量和用途上严格管制，更要在耕地质量和功能上着力提升，筑牢"岷江源头水、天府好稻田"的田园基底。一是创新"高标准农田＋"模式，紧扣都江堰灌区整区域高标准农田试点，实施土地综合整治和高标准农田建设项目，新建和改造 8.2 万亩高标准农田，力争全市高标准农田占永久基本农田比重达到 90％以上。深化与高等院校和企业合作，构建"空天地"智慧农业感知网络，实施耕地智慧化保护、种植实时化监测。二是充分发挥农业科技和生物育种优势，大力开展育种攻关，提升长江上游优质粮油中试熟化基地"建田间种子超市"功能，设一批种业创新中心、现代种业园区、育种创新联合体和"育繁推"一体化大型种业企业集团，培育绿色优质"天府好粮"。三是高标准推进重点水源工程建设，完善山区丘陵区抗旱应急水源体系，积极探索水务管护新模式，创新水利灌溉投资、建设和运营一体化模式，加快形成"纵横联通、多源互济"的多水源供水格局。

2. 创新全产业链发展方式，培育绿色优质的"天府好粮"

打造"天府粮仓"核心示范区，既要在"多种粮"上走在前列，建设超大城市"保供基地"，更要在"种好粮"上作出示范，擦亮"天府好粮"这块金字招牌。一是围绕高端种业、粮经统筹、精深加工等关键环节，联动天府种业园、粮食产业园区，围绕优质粮油、生猪畜禽、绿色蔬菜、特色水果等主导产业，打造链条健全、联结紧密、业态扎实的粮油产业全产业链。引进中粮、成粮、北大荒等链主企业提升粮油储藏、加工能力，构建"商超直供＋电商直销"绿色食品供应链体系，做好粮油加工和销售环节产业链。二是创新发展功能性农产品，加快对富硒水稻、有色稻、高花青素糯玉米、高赖氨酸紫薯等品种选育推广，提升粮食产业链的复合功能价值。三是探索建立粮油产业绿色发展制度体系，发展现代农业园区和产业集群，围绕"十化同步"，创新"一区多园"建设模式。全面推行"田长制"，调动农民种粮积极性，促进"农业共营制"、大园区小业主、多类型生产托管等生产经营机制向全域推广应用，健全面向农村、面向农民的利益联结机制。四是积极打通与高校院所的合作通道，推动农业产业现代化发展。为打通农业现代化"最后一公里"，引入了中国农业大学、中国农科院等高校院所，以现代科技与智力服务为支撑，建立农业生产标准化服务平台，推动农业种植由"粗放式"向"品牌化"加速蝶变，"天健君""崇耕""稻虾藕遇"等农副品牌在高端市场站稳脚跟，实现了从"销售稻谷"到"销售大米"的战略升级。

3. 创新制度供给、引导优质要素向乡村合理流动和有效汇聚

一是探索健全乡村振兴人才引育留用机制。人才引育留用工作一直是崇州关注的重点，近年来崇州通过积极完善人才引育留用制度体系建设、设立人才发展专项基金、搭建创新创业平台等多种途径探索健全乡村振兴人才引育留用机制。尤其是针对农业职业经理人和新型职业农民的培养，崇州市通过与院校地企共建科研基地，推动了农业科技成果落地转化和科技人才就地孵化。二是出台促进农村产权改革的规章制度。崇州市从推动"农业共营制"提质升级，推动农村土地综合整治、探索集体建设用地入股联营和流转交易，试点农村宅基地"三权分置"改革3个方面持续发力，实现了承包地的规模经营，盘活大量闲置集体建设用地，保障农村集体经济发展和乡村振兴重大项目用地需求。三是探索构建资金多元投入格局。崇州市注重用好财政资金、社会资金和金融资金"三种钱"，探索构建"财政资金优先保障、社会资金积极参与、金融资金重点倾斜"的多元投入格局，采取规划统筹、资金统筹、建设统筹的"三统筹"路径，使"三农"主管部门对乡村振兴能够通盘考虑、系统谋划、总体设计，实现稳扎稳打，逐步推进、久久为功。

4. 突出产业振兴，优先推动"农业共营制"升级

实现农业农村优先发展，首要是振兴乡村产业。崇州市首先推动"农业共营制"提质升级，促进农业提质增效和高质量发展。一是创新土地经营权入股方式，通过折股联营、入股经营、合作联营探索"土地股份合作社＋农业产业化企业"的联合，分享农业产业化经营的增值收益。二是健全农业风险保障体系，提高粮食、蔬菜部分险种保险赔付水平，创新土地流转履约保证保险、农业经营主体用工意外伤害保险，有效降低了土地股份合作社规模经营和雇工经营等风险。三是通过农业职业经理人的遴选机制、产业链复合型技能培训体系、市场竞争优胜劣汰机制等，有效提升了农业职业经理人队伍专业技能、综合能力和整体质量。四是进一步深化校院地企合作，通过与高校、企业、科研院所建立深度合作关系，引入新的农业技术、搭建试验示范农田、逐步推动应用推广，完善农业经营科技支撑体系升级，努力实现农业品牌化运营，进一步做到全产业链农业产业升级，实现农业优质化、品牌化发展。

(三) 案例点评

产业兴旺，是解决农村一切问题的前提。习近平总书记多次强调，发展现代农业，关键是要构建三个体系，即现代产业体系、生产体系、经营体系。打造集研发、种植、加工、营销、文化、生态于一体的现代农业全产业链。崇州市坚持农业农村优先发展，以推进新时代更高水平"天府粮仓"核心示范区建设成型成势为引领。从总体上看，地处崇州的成都市天府粮仓国家现代农业产业园具有基础条件优越、管理制度优化、产业体系较为完善、"农业共营制"创新推广及农村改革集成推进等主要优势，面临乡村旅游消费市场升温、食品安全需求提升、政策叠加等发展机遇，同时也存在耕地资源的竞争性挤压、土壤

重金属污染、人才短缺三大劣势，面临着劳动力成本上升、农业全产业链布局较晚、农商文旅体融合发展面临同质化竞争等挑战。

从崇州推进农业强市路线的经验来看，崇州立足自身差异化发展思路，针对突出矛盾和关键制约因素，系统谋划了农业产业竞争力提升方案及行动路径，主动适应农业现代化需要，瞄准目前农业发展中主要存在的"卡点"问题集中发力，实现产业高质量发展。崇州实践对其他粮食生产大县，以及内嵌在超大特大城市圈层内的县域城乡融合发展具有重要借鉴意义。

1. 坚持构建完备的社会化服务体系是路径

作为四川省乃至西南地区唯一入选全国首批基本实现主要农作物生产全程机械化示范县的地区，崇州市社会化服务水平长期位列全省前列。为了解决"谁来经营""谁来种地""谁来服务"三大难题，崇州市创新推出"土地股份合作社＋农业职业经理人＋社会化服务"基本架构的"农业共营制"新型经营体系，实现土地集约、专业种植、集中管收、定向加工、科学储存、品牌营销、农民增收的一系列成效。这是崇州通过改革创新走出的新路子。为解决种粮、储粮、卖粮的后顾之忧，崇州市探索了农业社会化服务新模式，以产业"建圈强链"理念，构建"种业＋园区＋科研＋加工＋市场"的产业发展格局，不断培育粮油产业及衍生产品品牌，延伸农业价值链。目前，产业园区已建立了较为健全的社会化服务体系，"农业共营制"有效解决了崇州农业面临的突出问题，提高了粮食安全的保障水平，新型经营主体得到发展，农民收入水平得到提高，有力地促进了生产成本的下降和生产效率的改进。但从支撑粮油产业持续高效发展的角度来看，当前产业园区社会化服务仍然存在制约性短板，服务体系仍需要拓展升级。因此，如何搭建产业公共服务平台，弥补社会化服务体系中的基础设施、农机具、营销品牌、用工保险等环节短板，并提高政策信息的知晓度，以及构建与区域外服务主体的多元化和多层次的合作机制，是产业园区下一步建设中亟待解决的问题。

2. 坚持整体性发展的联动与政策支持是保障

按照产业生态圈的理念，现代农业产业园区发展需创新综合性的乡村发展模式，统筹多元产业和业态、多元经营主体、多个行政区域，形成产业集群、主体协作、空间融合的发展格局。如，通过联合京东农场、苏宁易建等组建"天府好米联盟"，培育"稻虾藕遇"等特色粮油品牌和"崇耕"公共品牌，实现了粮油品牌化销售收入增长30%以上。崇州在粮油全产业链发展中，用统筹的思路将资金、人才、技术等要素聚集，集中打造项目品牌，大大提升了公共品牌的驱动力和影响力。而目前，产业园区内既有处于快速成长阶段的休闲农业和乡村旅游等新产业新业态，也有种植、养殖等传统产业；既有实力雄厚的龙头企业，也有相对较弱的合作社、家庭农场等经营主体；既有基础优越、产业兴旺的经济发达村庄，也有部分基础条件薄弱、产业发展困难重重的村庄。因此，下一步成都市天府粮仓国家现代农业产业园不应该仅局限于通过推动重点项目、引进大型企业、培育高端产业以实现快速的产业转型升级，而应该同时注重对生产主体众多的粮油产业给予个性化的政策支持，使其有足够的能力在竞争中生存并发展壮大。

3. 坚持多元赋能集体经济创新共富是目的

天府粮仓国家现代农业产业园实践表明，以探索集体经济跨区域合作机制为载体，鼓励多个村集体共同入股的形式组建集体经济联营体，盘活农村闲置宅基地和农房、集体经营性建设用地等土地资源，发展集体经济飞地发展模式，能够实现乡村面貌的整体改观、集体经济发展壮大及农民财产性收入增加等多元目标。同时，拓展多元服务，支持和鼓励集体经济组织承接公共服务类财政项目，为经营主体提供生产性服务和配套性物业服务。从成都市天府粮仓国家现代农业产业园区的现实来看，建立产业园区集体经济运营管理平台，负责集体经济发展指导，能够统筹全域集体经济组织业态管理。产业园区还充分应用前期农村集体产权制度改革成果，采取集体自营、多村联营及与社会资本合营的经营模式，通过盘活资源、发展产业、提供服务等方式发展集体经济，进而有效促进农民增收和农商文旅体融合发展。

二、明月村：“农创＋文创”绘就乡村的“诗与远方”

（一）背景导读

明月村隶属于四川省成都市蒲江县甘溪镇，地处蒲江、邛崃、名山三县（市、区）交汇处，与成都市区相距仅 90 千米。明月村幅员11.38 平方千米，森林覆盖率 46.2％，拥有雷竹、茶园、柑橘、猕猴桃等产业。蒲江县明月村在 2009 年被确定为市级贫困村，随后逐渐改变经济发展方式，走融合发展助推产业发展之路，打造特色农业，推动文创产业发展，实现了由市级贫困村到 2019 年度四川省实施乡村振兴战略工作示范村的转变。

明月村根据自身自然资源禀赋特点，找准了“茶山·竹海·明月窑”的发展思路，走资源环境和生态协调发展的生态农业发展之路，并不断探索“农创＋文创”发展之路，深化农商文旅融合发展。明月村主要以陶艺手工业为文创突破口，现在累计引入了陶艺、篆刻、草木染等 52 个文创项目及 100 余位艺术家、文化创客，为明月村新老村民共建共享幸福美丽新乡村带来了新的动力。同时通过建立明月村合作社，引入明月窑、蜀山窑陶瓷艺术博物馆、火痕柴窑工坊、明月远家、呆住堂艺术酒店等 34 个文创项目，探索出了一条农商文旅融合发展振兴乡村之路。明月村先后获评全国文明村、全国乡村产业高质量发展"十大典型"、全国乡村旅游重点村、中国美丽休闲乡村、全国乡村治理示范村。

（二）主要做法及重要成效

1. 以农旅融合发展，助推产业振兴

一是优化产业结构，提升农业产业链。坚定"茶山·竹海·明月窑"发展思路及市场需求，通过产业转型升级积极延伸茶叶和雷竹笋产业链条，推动农业产业的提质增效，促进农民增收致富。明月村通过调整茶叶、雷竹产业结构，提档升级茶叶、雷竹品质，并建成有机茶叶基地 3000 余亩，雷竹园区 8000 余亩。二是实现多主体参与运营。通过成立明月村乡村旅游合作社，统筹村内旅游项目建设、运营和发展，指导村民参与明月村乡村旅游产业发展，通过开设餐饮、打造民宿等形式，丰富明月村创业项目。合作社依据明月村特有的旅游资源，开发出农耕体验、陶艺制作、草木扎染等项目，打造出了具有明月村特色的旅游新业态。三是大力发展文创产业。在明月村特有的旅游资源的基础上，探索"农创＋文创"发展模式，深化农商文旅融合发展。通过深化明月 IP，吸引一部分文创公司进驻明月村进行投资，逐步吸引了蜀山窑、呆住堂艺术酒店等文创项目 50 余个，形成了良好的文艺乡村新形态。

2. 以绿色发展，助推生态、文化、人才振兴

明月村坚持"生态优先、绿色发展"理念，深化农村人居环境整治，建设生态宜居新家园。一是坚持价值转化，按照"景观化、可进入、可参与"和"原生态＋新风尚"理念，加强对茶山、竹海、松林等生态本底的保护与发展，注重保护马尾松林及凉山渠、明月渠水系特征，推进景观梳理、绿道建设、旅游厕所、农户风貌整治及院落美

化，先后实施院落改造和川西林盘整治项目20余个，持续改善乡村环境。建成2300余平方米文化广场、旅游接待中心、8.8千米旅游环线、7.7千米绿道、8个生态停车场、6个旅游厕所，进一步提升明月村旅游承载能力，不断创造满足人民群众美好生活需求的消费场景和生活场景。二是以传承弘扬，助推文化振兴。深挖邛窑历史文化特质，引进陶艺制作、蓝染手工艺、篆刻博物馆等文创项目52个，走"文创＋"的文化振兴之路，打响"明月村"文化品牌。三是注重人才引进。人才是产业发展的内推力量，明月村始终重视制定人才发展战略，通过从外引进搭配内部培养的方式，不断扩大本村人才库，并持续配套人才政策，让人才进得来、留得住。

3. 以机制创新为核心，统筹推动乡村产业转型

明月村在发展过程中不断创新体制机制，资源的统筹利用、机制的完善健全，是助推明月村乡村产业转型的关键。2014年蒲江县明月国际陶艺村项目正式启动，该项目由时任蒲江县委副书记、县长任工作领导小组组长，积极引进文旅项目，招揽各类人才，为明月村的发展提供了强劲的助推力。明月国际陶艺村园区党委下设了文创党支部、明月乡村旅游专业合作社党支部、雷竹土地股份合作社党支部，完善党建制度机制，明确党建核心引领作用，将新老村民凝聚在一起，形成共商、共建、共治、共享的发展格局。在明月村的产业发展中，政府起到了积极的作用。政府通过提供政策支持、人才支持和财政支持，同时从外引进了文旅项目和大量运营人才，为明月村产业发展奠定了坚实的基础。甘溪镇党委、政府为明月村规划了"茶山·竹海·明月窑"的发展思路，促进传统农业拉长产业链，提高农产品品质，完善雷竹产业结构；并进一步打造村庄特色景观，发展"农创＋文创"模式，为明月村带来新产业、新业态，提高农民收入。2015年，成立了成都明月乡村旅游专业合作社。该合作社由政府牵头，政府、村集体、

村民按比例入股。政府提供资金扶持，不参与后期分红，进一步壮大了集体经济，充分调动了村民的积极性，并为村民带来了规范化经营的先进经验。

4. 以规划为引领，激发村民主观能动性

明月村的建设不是盲目开始的，是经过科学规划之后形成的具有科学性、可实施性、定位准确明晰的规划方案。在规划实施过程中，明月村各届领导班子始终坚持"一张蓝图绘到底"，坚定了明月村的发展思路，增强了村民信心。在明月村的发展过程中，始终坚持村庄的发展由村民作主，专业的事情交给专业的人做的原则。村民的利益始终被放在明月村规划的首位，尤其是老村民的权益需要被突出和保护。在引入投资方面，明月村拒绝大资本进入，防止资本改变明月村发展方向，充分保留了明月村的原有特色。在人才引进方面，明月村始终将培养和发掘老村民放在第一位，老村民能自己做的项目，就不要动新村民，留足给本土本乡人才充分发挥自身能力的舞台。从外引进的人才也是始终坚持需要哪类人才就引进哪类人才，将明月村产业发展需要放在首位，并不是谁想在明月村发展产业谁就可以来的。正是这种对于明月村文化本色和生态本色的保护，让明月村的村民一直抱有浓烈的归属感，村民的话语权得到保障，也充分调动了明月村村民建设家乡、发展产业的积极性。

（三）案例点评

明月村以发展壮大村集体经济为核心，注重把握物质文明和精神文明相结合，坚持兼收并蓄和博采众长的深度融合，明月村依托自身特有的旅游资源，以"茶山·竹海·明月窑"为依托，大力推进农旅融合。并探索出了独特的文化产业发展模式，将独具特色的乡村旅游项目打造成农民增收致富的重要途径，走出了一条"文创赋能休闲农

业，推动产村融合发展的"创新之路。

1. 充分发挥党建引领作用

明月村始终坚持"党建＋"发展思路，建强党组织，突出村民主体，发挥多元参与产业发展。明月村成立了明月国际陶艺村园区党委，深化"一核三治、共建共享"新型基层治理机制，建强农村基层战斗堡垒。通过创新"党性教育＋文创产业"双培训、"新村民＋老村民"双融合、"组织引领＋党员带头"双保障的"三双"党建机制。通过党员、新村民示范带动和"六新"工作法（领办新经济、联系新村民、培育新乡贤、落实新项目、引领新风尚、推动新发展），开展党性教育、社区营造、公益文化、文创培训等，引导村民开展村容村貌整治、生态林盘院落改造和保护、发展第三产业，配套旅游服务设施，改善人居环境，提升园区承载能力。明月村坚持党建引领发展治理，在实践中不断提高党把方向、谋大局、定政策、促改革的能力和定力，打造了共商共建共治共享发展格局。

2. 充分挖掘本地生态及历史文化资源

明月村抓住自身发展的独特优势，"茶山竹海"既是明月村的特色景观又是村民的收入来源。明月村在产业发展过程中坚定"茶山·竹海·明月窑"发展思路，深化农商文旅体融合发展，探索"农创＋文创"发展模式，促进农业产业增收。依托特色资源，成立明月村乡村旅游合作社，壮大"茶、竹"产业，引入文创项目，成立合作社（雷竹、茶叶、旅游），引进农业龙头企业，延长产业链，打造"明月村"文创品牌和农创品牌，借力"互联网＋"，拓宽增收渠道，增加农民收入。以文创公司和艺术家、专业人士等为投资主体，激发古老乡村新创意，创建以陶为主的手工艺文创园区，形成文创产业、生态农业、乡村旅游—三产业互动融合的良好发展态势。

3. 创新运营模式，融合发展是必由之路

产业决定农村的兴衰，融合发展是未来农业发展的必然趋势。明月村依托本地自然地理环境和传统文化优势，积极调整产业结构，发展形成了雷竹、茶叶和陶艺特色产业，并在此基础上积极向文化创意、乡村旅游跨界发展，以文化创意增强农村吸引力、以乡村旅游激发农村发展活力。同时明月村不断加强新老村民资源共享，激发村民深度参与乡村旅游项目热情，实现多主体参与运营。通过新村民的示范带动和新老村民的互动融合，新村民成为发展文创产业、提高村民素质、促进乡风和谐的新引领。依托特色产业推出农事体验、自然教育、制陶和草木染体验等项目，带动村民发展创业项目 30 余个，有力拓展了收入来源。

第二节　乡村建设实践案例

一、铁牛村：探索未来乡村"新模样"

（一）背景导读

铁牛村幅员 9.59 平方千米，人口 3634 人，位于四川省成都市蒲江县西来镇，因村内发现西汉时期的炼铁铁渣形似铁牛而得名。它曾是一个名不见经传的偏远山村，而今却是让人慕名而来的"世外桃源"，秀美宜居、产业兴旺成为它的代名词，先后获评全省"四好村"、全省乡村振兴示范村、金熊猫奖等荣誉称号，是全市首批未来公园社区创建村。近年来，铁牛村聚焦做优做强生态价值转化、促进乡村全面振兴、公园城市乡村表达等核心功能，依托乡村林盘聚落特色优势，

创新建设理念、人才机制、乡创模式，不断提升乡村建设成效，推进宜居宜业和美乡村建设初显成效。

（二）主要做法及重要成效

1. 创新建设理念，优化乡村发展格局

一是坚持理念引领。确定"资源重新组织、尺度重新构建、价值创新转化"核心策略，按照"城乡共创、社群共生、生态共融、幸福共享"理念，构建"一环、两心、三区、四聚落"的乡村发展格局，整村打造未来乡村公园社区。二是整合资源优势。全面梳理区域内人、文、地、产、景等现状资源，将现存西汉和宋代冶铁遗址、千亩鱼塘和万亩橘园等农业生产本底、全县唯一的原生性乡建艺人队伍和徽派建筑群落等特色优势，进行系统整理和深度挖掘，为创新探索生态资源价值转化市场化路径奠定基础。三是聚焦规划先行。编制完善《铁牛村田园生活度假社区规划》《铁牛未来乡村公园社区规划》，配套编制精品林盘保护、水美乡村建设等专项方案，划定9.59平方千米，构建"生态农业聚落""手艺文创聚落""文旅度假聚落""文教康养聚落"4个产业聚落、10大场景实验室，打造集生产生活度假于一体的田园生活度假社区。有效发挥现存西汉和宋代冶铁遗址、千亩鱼塘和万亩橘园生态农业本底、原生性乡建艺人队伍等特色优势，创新建设生态农业产业园区、乡土美学文创园区、田园文旅度假园区"三园"兴业路径。

2. 创新人才机制，优化人才结构

一是搭建平台集聚人才。以全方位培养、引进、用好人才为支撑，按照新村民回流、老村民回家、游客回归的"三回"理念，先后引入60余名不同代际多元人才成为新村民，在地探索乡村治理新模式；吸

引 15 家城市共创方、300 余名候鸟新村民关注并参与铁牛村乡村振兴事业。二是党建引领示范带动。积极探索新村民融入机制，选配新村民进入村党委班子。以村两委换届为契机，突出"双好双强"，通过"留、推、选、请"等形式，精心选配吸纳党性强、能力强、群众认可的致富能人进入村两委班子。三是全力做好要素支撑。探索铁牛村新村民人才落地机制，做好在地创业团队后勤保障。盘活利用乡村闲置公有资产，为在地创业团队提供办公场所、人才公寓，启动乡村大书房、乡村振兴人才公园、乡建博览园等重大项目，解决新村民长期驻留的后顾之忧；联动全村 200 余名"田秀才""土专家"共同参与乡村建设。打造党群服务、社区融合、乡村双创、乡村人才、游客接待五个中心，吸引来自国内外 60 余名不同代际多元人才"回流"成为新村民，20 余名本村青年"回家"，链接 15 家城市共创方、300 余名候鸟新村民关注并参与铁牛村乡村振兴事业。

3. 创新乡创模式促融合，优化产业发展结构

一是探索发展模式融合。坚持党建引领，形成"政村企社"联动整体运营与专业合作相结合的"1＋N"发展模式，在地成立丑美文旅、麦昆塔建筑设计等 8 家企业和社会组织，联合村集体专合组织共同创办蒲江铁牛丑美田园度假村有限公司，对铁牛村的集体资源、资产实施整体建设和运营，并根据业务需求组建 N 个专业合作社，承接旅游服务、特色餐饮、农产品生态有机种植等业务，实现村集体经济不断壮大。二是推动产业业态融合。通过梳理盘活优质生态资源，培育"绿道＋""果林＋""鱼塘＋"思路，探索"村集体＋合作社＋农业社会化服务组织＋农户"模式，打造千亩生态丑橘乐园和"两个替代"技术服务示范门店，农户以土地、资金、技术、劳动力等方式入股，村集体以"分红＋劳务报酬"的分配方式推动产业发展、集体增收。三是创新产业经营模式。对上争取川西林盘建设、美丽村庄建设等项

目资金，加快打造未来乡村公园社区，大力发展果坞、果饮吧等果酱加工产业，打造铁牛妈妈的餐厅等消费场景，形成"铁牛三宝""稻醴坊"等一批特色品牌，开发"丑美生活节""阿柑周末"等节会品牌，受到央视等主流媒体关注和报道，大型央视文旅节目《山水间的家》入驻拍摄，推动"高颜值"的生态转化为"高价值"的经济。

（三）案例点评

近年来，铁牛村逐渐从一个名不见经传的传统落后村逐渐成长为要素集聚、产业兴旺、生态宜居的示范村，其成功经验告诉我们：欠发达的农业型地区也有实现弯道超车的可能性，需要立足于当地自然优势条件和特色资源禀赋，高位布局、正确定位、合理谋划，进而走出一条适合自己的特色发展之路。

1. 党建引领、村企社共建共享是基本前提

铁牛村的创新实践中，坚持党建引领，建立健全村企社共建共享的机制，是形成发展合力的有效路径。其中，政府着力发挥党建引领作用，重视公共服务与基础设施建设，并加大人才扶持、引导性投资与金融支持力度，不断优化共建共享的政策环境；铁牛村则聚焦要素保障，重点负责资产收储与租赁，抓好关键工作如人力组织、文化传承等，发挥村级组织的主动性和能动性；企业则专注优势特长环节，在规划设计、投资布局、运营管理、品牌传播等方面积极发力；同时，社会组织积极参与，在政策研究、社区营造、公益慈善等方面发挥其不可替代的关键作用。多方联动、各尽其用、协调运转、有效制衡，坚持"共下一盘棋"，跳出"各管一亩地"，发挥了村企社"1+1+1＞3"的叠加效应，有效促进了铁牛村乡村产业链的深度融合和协调发展。

2. 因地制宜、尊重乡村资源底色是关键路径

铁牛村的发展过程中，村两委与规划团队达成共识，坚持因地制宜，不大拆大建，充分尊重田园、林盘、水系与民居的现有生态布局和资源底色，规划打造一批"农场式、街区式、乐园式、庄园式"林盘聚落，推动传统农业种植转化为生态有机农业，传统林盘转化为新消费场景，实现生态价值转化和综合效益最大化，创造出了生态、生产、生活、生命的融合之美。乡村的资源底色才是区别于城市的最亮丽的风景，城市资源下乡过程中，应当以农业为基础衍生新业态，催生带有地域特色的乡村产业。

3. 外搭平台、内强组织是一体两翼的关系

人才是乡村振兴真正的核心。而要让外部人才能够长久、稳定地留在乡村，需要平台化的创新创业支持，让各相关领域的前沿探索者、创业者们可以在乡村获得充分的支持与空间；与此同时，必须注重培植乡村的主体性和自觉性，村级组织既肩负着农业农村利益保障的使命，也承担着城市资源落地转化的重任，需要培优提强村级组织，确保城市资源进得来、留得住、创得好。

二、金城社区："同在屋檐下"共享好生活

（一）背景导读

金城社区位于彭州市桂花镇西北部，20世纪60年代开发煤矿后因矿而兴，曾经历了"煤矿主导产业退出""地震灾后恢复"等多次变革，煤矿坍塌、劳动力大量转移，剩余劳动力、产业资源等难以被激活，日渐成为"空心村"。2017年以来，金城社区首抓基层组织党建，坚持共建共享共治促进组织振兴，盘活村级集体闲置资产与生产资源，

创新形成"集体经济＋农户＋企业"的共享经济模式。2018年，金城社区通过重塑公共形象，以"同在屋檐下"理念，推动乡村公共设施与城市接轨，逐步营建乡村生活的公共空间，实现村民的社会角色转型与乡村熟人社会关系的重构，擦亮文化本底，先后建成乡村文化大院、忠孝堂、忠孝广场、文化长廊、时光广场等。进入新发展阶段，金城社区坚持常抓人才队伍建设，践行"绿水青山就是金山银山"理念，充分挖掘利用龙门山片区丰厚文旅资源发展乡村民宿，推进生态价值向经济价值转化，持续推进乡村全面振兴。

2020年，在新一轮村（社区）体制机制改革中，小石村与其他两村合并成为金城社区，形成21个居民小组、7个统规统建小区、6个统规自建小区，幅员22.6平方千米，常住人口4526人，户籍人口1497户（4237人），党员130人。近年来，金城社区先后荣获国家级森林乡村、四川省诚信社区、省级"四好村"、成都市"四好村"、成都市"三美示范村"、成都市双百佳示范社区、成都市科技智慧主题社区、成都市新时代文明实践点等称号。作为超大城市远郊乡村"城乡融合发展"典范，金城社区以文化为载体、以组织为引领、以产业为抓手实现华丽蜕变，成为"人-村-景-业"融合共生的乡村共同体。

（二）主要做法及重要成效

1. 培育集体经济，探索乡村共享模式

一是盘活闲置资源。金城社区抢抓改革机遇，及时盘整原三村的集体建设用地400余亩、闲置林地和农用地2000余亩，为金城社区建立集体经济组织和发展村级集体经济产业奠定了坚实基础。二是坚持共建共享。金城社区探索搭建"村集体＋国有平台公司＋社会资本＋群众"的集体经济发展模式，同时坚持"专业人做专业事"的理念引进专业运营公司，构建"村集体、群众、运营公司"的"3：3：4"的

分红模式，形成"多元参与、共建共富"的集体经济，推动乡村振兴全新格局。三是创新管理手段。金城社区创新推出"三智能五统一"工作法（"三智能"指人口智能管理系统、村务智能管理系统、社区智能管理系统；"五统一"指停车场统一、粮仓统一、洗衣房统一、谷物晾晒统一、农具堆放统一），通过智能化管理手段全面掌握村民信息、实时了解村民动向、及时解决村民困难。同时，在此基础上整合近10个App，将社区"智慧+"延伸至空气和地灾监测、小区门禁识别等5个方面，极大提高了集体经济管理及社区治理的效率和水平。

2. 依托优势资源，打造乡村特色产业

一是构建精品旅游体系。金城社区依托龙门山脉南麓丰富的自然资源和古蜀文化厚重的人文底蕴，借助"龙门山·柒村"精品民宿产业园的产业支持政策、现有基础配套和城乡融合要素，打造"龙门山·柒村＋"旅游产业体系，建成龙门山民宿服务中心、矿山营地、溪驻露营地等15个消费场景，运营"小石·山居""小石·林宿""柒村·溪驻"等13个集体经济主营项目。由村集体负责与村民交涉，租下闲置农房，并进行统一布局规划，交由第三方来运营，占股比例为集体经济组织40％、村民30％、运营公司30％（见图6-2）。这样的创新模式既有效盘活了村庄闲置资源，又为村集体经济发展注入动力，并保障了村民的增收空间。例如，"小石记·山宿"就由四户村民的闲置房屋改造而成，一楼房屋用于农户居住，二楼作为共享民宿对外开放，提升品质和体验感，把社区新的生活方式融入进来。二是营造文旅特色品牌。充分挖掘本地泉水、竹海等自然资源，进一步做优做活磁峰麻饼、玉米馍馍等原有特色农产品品牌，发展香味坊、蜀中糖门等农产品企业"建圈强链"，形成一条三产融合的"富民产业链"，推动集体经济高质量发展，实现生态目标与经济价值的高度统一。

3. 注重人才引育，强化乡村人才支撑

一是成立专班深挖乡土人才。金城社区精心锻造党委领导下的遍访群贤、村貌设计、善治良序三支工作队，分别负责对外挖人才、对内挖乡贤、对民聚人心工作，100 名外来人才团队的加盟、22 名本土乡贤的进入、4500 余名村民的支持拥护构成了金城集体经济组织的"基本盘"和"大班底"。二是创新机制汇聚高端人才。金城社区成立以社区书记为领头羊的人才领班，明确"汇聚才智·创造无限·振兴乡村"的思路，坚持"培养＋引进"方式，吸引毕业于清华大学、美国哈佛大学等的高端人才 4 人，汇聚优秀创业青年、高校大学生、致富能手等人才 100 余人，涵盖企业管理、建筑设计、植物学、土地管理等领域，召开 5 次共 140 余人参与的乡村振兴人才交流座谈会，建立人才帮扶、鼓励和培养机制，培育后备人才队伍，为社区提供全方位的智慧支撑。

（三）案例点评

金城社区实现了从一个"三无村"到乡村建设示范模板村的华丽蜕变，村集体资产从原来的 100 万元增加到如今的 1500 万元，增长近 15 倍，并成功创建为四川省省级"四好村"，获得成都市级"三美示范村"、成都市百佳示范小区等荣誉，成功塑造出"人城景业"融合共生的社会生活共同体。金城社区在探寻乡村经济增长发力点，推进农业农村现代化发展过程中，推出了"123"工作法，凝聚"同在屋檐下"共识、发展"共享＋民宿"，实现了乡村治理与经济发展互促互进、互为支撑，为一些地区的乡村发展提供了有益启示。

1. 党建引领、高效治理是首要前提

金城社区在村级建制调整改革文章中，坚持党建引领，注重资源活化，以共建共治为导向，探索出一套"123"工作法，建强一个班

子，晒出工作、接受意见，把群众动员起来，让群众成为村支两委工作的裁判员，彻底让村支两委这个基层党建末梢活起来。针对农村存在的"等靠要"思想，通过搭建协商公治和发展共谋两个平台，推进文化浸润和创新创业，组建新乡贤、义工服务、专家人才三支党员队伍，有效提升了新的两委班子战斗力、凝聚力和执行力，实现了乡村治理效能的提升，为乡村经济社会发展打造了良好基础，有助于乡村振兴总目标的实现。

2. 凝聚共识、共建共享是重要途径

凝聚共识是建设"共享社区"的思想保障。金城社区积极探索乡村建设发展新路径，凝聚"同在屋檐下"共识，着力提升合并后群众对"共享社区"精神的认同和黏度，以"共享＋"模式发展社区产业，打造集精品民宿集群、特色糕点工坊于一体的共享社区经济体，带领村民走上了"乡村振兴·共同富裕"的道路。事实证明，凝聚共识增强了社区发展的内生动力和创新活力，实施共享经济有效盘活了农村自然资源，是实现农业农村现代化新的发展道路。

3. 人才汇聚、头雁领航是经济增长源泉

乡村振兴，人才先行。人才是强村之基、转型之要、发展之本、活力之源。金城社区成立以社区书记为领头羊的人才领班，明确"汇聚才智·创造无限·振兴乡村"的思路，探索出了"家乡出人才、人才建家乡"的人才反哺模式，吸引本土人才回流，外来人才进驻，为乡村高质量发展提供了人才保障，实现了乡村可持续增长。在乡村人才引育过程中，要结合实际创新人才引进机制，出台更加积极、更加开放、更加有效的人才引进政策，持续深化农村"领头雁"培养工程和农村优秀人才回引计划，不断壮大乡村振兴队伍力量，才能促进乡村振兴，助力乡村发展。

第三节　乡村治理实践案例

一、汪家村拾里庭院：乡村振兴"共享庭院"发展

（一）背景导读

拾里庭院脱胎于四川省成都市新都区汪家村石家院子，其独有的"共享庭院"模式成为全国首例。汪家村面积 2.5 平方千米，耕地面积 1800 余亩，是一个以粮食和蔬菜种植为主要产业的传统农业村，也是一个林、水、宅、田穿插毗邻，相互依托形成一体的川西林盘典范。为改善居民的生活环境，汪家村结合川西林盘保护修复、农村人居环境整治、土地"三权分置"改革等对石家院子进行开发改造，并将其更名为"拾里庭院"。拾里庭院秉承着"传承、开放、共治、共享"的理念，完整地保护了当地林盘本底及老建筑本底，通过"商住分离"的产业规划设计，实现了本地村民"住其中，享其果"的"商住一体"新农村产业生态，既盘活了林盘资源，又达成了按股分红，也做到了兼顾村民生活需要和产业发展需求，实现了新时代的乡村振兴。

（二）主要做法及重要成效

1. 资源共治：量化资源价值，促进全类型闲置资源整合

拾里庭院推动资源整合过程中，构建"政府统筹、企业引导、村民参与"三方工作机制。企业协助政府制定完善的资源量化标准，以"一亩耕地年度参考租金"作为基础锚定物，将村民闲置的住宅、构筑物、宅基地、林盘地、耕地、林地、水塘等标的物的使用权及经营权价值转化为若干"标准份"，村民根据自身需求将所属"标准份"资源

统一入股托管村集体，由村集体委托企业统筹运营管理。收益分红中除20％为村集体所有，其余全部发放给村民，极大提升了村民参与闲置资源整合工作的积极性。一期项目便有116位村民参与，形成并托管149股标准份，盘活闲置林地、宅基地6.92亩，耕地35.54亩。拾里庭院转变以往围绕土地资源的单一整合模式，以村集体、村民、社会力量三方投入形成合力，推动全类型闲置资源标准化，有效量化建筑、水塘、耕地、构筑物等各类不同属性资源要素，保障村民利益的同时高效推动乡村闲置资源整合，激发乡村更新改造动力。

2. 场景共享：原住居民不搬家，营造共享"大庭院"

拾里庭院以林盘院落更新为基础，将周边水塘、耕地、林地统一纳入规划，院内院外空间一体化设计，改造院落建筑2100平方米、院坝/林地11亩、耕地37亩，塑造"共享院落＋共享农庄"的"大庭院"空间形态。已打造特色院子8处余，户外主题活动场地4处，形成以餐饮休闲业态为核心，集住宿、露营、会议、运动等功能于一体的现代原乡生活消费场景。

其中一期项目涉及农户29户84人、林盘16.72亩、宅基地11.59亩；二期项目预计涉及农户150余户、耕地600余亩、林盘40余亩、宅基地50余亩。为保留延续林盘生活烟火气，拾里庭院提出"零农户搬迁"策略，鼓励农户不搬家。在充分保障村民生活空间，保护个人隐私的同时，探索将闲置房间改造转化为商业经营空间，形成"上商下住""前商后宅"等多种空间共享模式，最大限度激活闲置空间价值。"上商下住"模式主要针对独栋多层乡村住宅，底层用于村民生产生活，其他闲置楼层对外出租共享，并通过外加楼梯设计，实现商住分离，保证互不干扰。"前商后宅"模式充分挖掘院落式住宅更新潜力，将临街一侧闲置空间打造为高价值商业空间对外出租共享，通过院落景观设计，分离村民、游客活动路线。

3. 运营共管：企业辅助，村民参与，唤醒乡村内生动力

坚持振兴乡村为了农民、依靠农民的发展观，让农民担当"三个主体"。一是合作主体。充分保留原有林盘形态，不搬迁一户一人，让农民将部分房屋和土地进行股份量化，入股村集体资产管理公司，变身股东参与合作。二是利益主体。通过土地流转和商业化运作，让农民的收益由单一的"租金"变为"保底金＋营业额的股本分红"；同时，让农民通过就地就业获得工资收益，大幅增加收入。三是建设主体。住户通过就业深度参与产业发展，吸引回乡创业农民成为项目业主。引导农民"忙时务工、闲时务农"，积极参与人居环境整治和乡村治理工作，在产业发展和新农村建设中担当主角。

良好的乡村运营是保障乡村产业活力的关键，拾里庭院形成了"专业机构造势＋村民在地化培育"的运营机制。起步阶段，运营机构统一招商，为商户提供租金减免优惠，并参与商户经营活动，由运营机构对商户产品评估后统一定价、统一营收，营收结算后的剩余利润用于平衡前期招租成本并继续投入经营活动及民生建设，由此保障产品质量，持续扩大品牌影响力。同时在经营过程中，注重在地化运营人才培育。运营机构负责招聘并培训在地青年与返乡青年参与乡村运营，使其逐步成为运营主体，后期负责拾里庭院运营工作。企业和村民运营共管的经营方式，给拾里庭院"输血"的同时积极"造血"，为乡村持久发展保驾护航，唤醒乡村内生动力。

（三）案例点评

汪家村通过不断实践，把石家院子从一个风貌老旧的川西林盘转变为"住其中、享其果、乐其业"的拾里庭院。汪家村在乡村治理推进过程中，以村集体经济组织为主导，整合利用政府、企业、社会组织等外部资源，激活本村闲置资源，并在探索构建适宜的利益分配机

制上开了一个好头。其乡村治理经验告诉我们：应立足于村民需求，以提高村民的生活质量和幸福感为核心目标，发挥党组织引领效应，聚合发力、多元协助，融合自身特色，创新探索现代乡村发展治理新模式。

1. 党建引领、农民深度参与是乡村治理的基本前提

坚持以党建引领筑强乡村治理堡垒，注重发挥农民的主动性和能动性是乡村建设、乡村治理的重要指南。汪家村积极发挥党组织引领作用，牵头成立超级乡村基层治理专委会，探索"集体共富基金池"的建立。拾里庭院基于"三权分置"的原则，通过村集体经济组织委托第三方运营机构，统一收储、规划、开发和运营农户闲置宅基地、林盘地、耕地等资源，建立内部协商、定份不定价的机制，以"村民、村集体、运营方、商户"的合作模式，让当地村民成为股东，来带动村民深度参与。汪家村在实践过程中，始终贯穿"党建引领"这一主线，并由村集体组织牵头，通过利益链接促使村民深度参与，激发内生动力，形成"自我造血"的"内循环"。

2. 人才强村、实现利益共享是乡村治理的目标指向

汪家村紧紧抓住"人才振兴"，将"人"作为乡村发展的第一要素，建立健全稳定且可持续的利益联结机制，协同驱动乡村善治。其中，创新推出"超级合伙人"合作机制，该机制同样包括企业、协会、工作室、个人团队等。制定并完善超级合伙人的准入准出机制，以量化贡献值为评定标准，制定不同贡献值所享受的不同优惠政策条件，以此鼓励和吸引更多优秀人才扎根乡村，建设乡村，以此撬动在地驱动力。同时加强与在地政府、企业、社会组织等多方合作，形成合力，共同推动乡村治理发展，实现项目效益共享，打造乡村发展治理共同体，营造融合有效、多元共建、开源共享的乡村生态。

3. 因地制宜、坚持改革创新是乡村治理的生命力所在

林盘是川西平原的农村特色聚居形态，汪家村通过前期的大量调查和论证，因地制宜，系统构建全域发展新生态，从方法创新迭代到模式创新。其中，拾里庭院以做好"整治、转化、统筹"三篇文章为建设思路，通过在其原有的自然本底上实施整田、护林、理水、改院、污水治理、厕所革命及产业植入、绿道串联等系列举措，打造出独具乡土风情、充满发展活力的川西林盘聚落。正是通过拾里庭院的建设，汪家村以改革创新推动末梢治理转型，创新探索出一条乡村治理新模式，构建和谐有序且充满活力的乡村。

二、十八湾村：党建引领，文明润心

（一）背景导读

十八湾村位于成都市青白江区城厢镇，因流经境内出现的 18 道河湾而得名，全村面积 4.5 平方千米，辖 21 个村民小组、3702 人，为典型的散居院落。青白江区自 2017 年全面推行"河长制"后，长流河水质有了根本性的改善，但地处长流河下游的十八湾村，支渠水质污染的问题则日益突出，反而成为长流河的一大反向污染源。为此，十八湾村深植"绿水青山就是金山银山"的发展理念，以党建为引领，不断拓宽党建内涵，创新探索"党建＋河长制"工作模式，实现基层党建与河长制工作的融合互促，以实际行动践行习近平生态文明思想。十八湾村紧邻城厢天府文化古城、成都国际铁路港，推动"千年古韵城厢镇·萤光生态十八湾"乡村振兴项目，探索出"村集体＋公司＋合作社＋农户"的合作模式，带动 92％以上村民以土地经营权入股村股份经济合作联合社。近年来，十八湾村坚持党建引领，不断加强法治建设，持续激发自治活力，鼓励多元力量参与社区发展治理，积极

营造基层治理的良好氛围，先后荣获省百强名村、省"四好村"、省"一村一品"示范村、省乡村治理示范村、省新农村建设试点示范村等荣誉，走出了一条基层党建立根基、社区共建共享共治的乡村治理新路径。

（二）主要做法及重要成效

1. 强化党建引领，夯实基层治理基础

一是增强党委领导力。十八湾村的村党委书记始终注重抓班子带队伍，主动调研向群众找需求，主动谋划向同行找差距，主动规划向政策要项目，主动协调向上级要支持，主动督办向进度要实效，有效凝聚和带动了广大党员群众紧跟村党委步伐。持续开展党员"树形象、解民忧、领民富"系列活动，打造"我是党员我带头"党建品牌，建立村党委联系服务企业总站、3个党支部联系服务企业微阵地，以党建带动产业发展，促进乡村治理。二是创新党建治理新方法。村党委牢牢把握"群众的幸福感、获得感"的出发点和"党建引领"的着力点，采用"4453"直线工作法，以党建引领城乡社区发展治理工作，带领党员群众共聚一面旗、同走致富路，先后荣获了省百强名村、省"四好村"、省"一村一品"示范村、省新农村建设试点示范村等荣誉，赢得了党员群众的广泛认可。三是构建党建服务网络。打造刘家巷党建示范法治文化院落、"厢里话乡情"老党员工作室及院落巾帼服务站，搭建"1个党委＋3个支部＋5个阵地＋14个村民小组"的村民服务网络，实现服务群众零距离。

2. 加强法治建设，提升基层治理效能

一是搭建便民法律服务平台。依托镇法律服务援助工作站，设立十八湾村法律援助工作点，完善村级法律服务工作室，落实"法律顾问"制度，组建了村级法治文艺小分队和法律服务志愿者队伍，构建

了"1+1+N"村级公共法律服务模式。二是定期开展法治宣传。完善法治大讲堂、法治电影播放点等，提高全村普法工作的能见度，依托便民服务中心、居民院落等，合理利用墙体、橱窗等投放法治类公益广告；实行常态化的"会前学法"制度，并定期组织开展"法治大讲堂"、法治宣传教育、"法律进万家"法律服务活动，广泛开展法治文艺演出、法治电影放映等法治文化活动，营造了全民学法用法的浓厚氛围。三是积极构建法治和谐村落。持续开展好市民、好家庭评选，"三美院落"创建等活动。近五年，该村无干部违法违纪，无因村务不公开而引发的群众上访案件，无重大突发性治安事件和刑事案件发生，村风民风进一步好转。

3. 激发自治活力，凝聚多元治理力量

一是建立入网入格机制。召开院落坝坝会，选出 4 名微网格长（员），成立院落监督管理委员会，制定院规自管条约，收集处理群众意见、建议，同时对院落卫生实行"一月一评"，形成赶超氛围，推动院落环境提升。二是充分发挥乡贤力量。十八湾村党委围绕"搭队伍、强保障、建机制、强功能、树模范"等方面，挖掘"五老乡贤"，建立"老书记乡情话苑"和"厢里话乡情"老党员工作室，团结、凝聚更多的党员、群众共同参与社区治理，弘扬社会正能量。老党员每周轮流参与值班，收集民情民意 30 余条，开展代办事项 38 项。三是引入社会组织力量。引入孝和社会服务中心等社会组织，在院落常态化开展邻里节系列活动，营造"互帮互助互爱"的社区氛围，实现群众自我管理、自我服务、自我教育、自我监督。截至目前，开展老年人集体生日会、亲子农耕体验等活动 12 场，参与人次 160 余人。

4. 创新文化建设，营造基层治理良好氛围

一是完善新时代文明制度化建设。十八湾村以坚持正确政治方向、

坚持文化立德树人、坚持聚焦为民服务、坚持深化志愿服务为工作原则，通过制度化建设打造以天府文化为核心的新时代文明实践站。二是搭建新时代文明平台。十八湾村整合现有便民服务阵地资源，分别建成新时代文明实践文化广场6个、健身步道3条。文明实践入组、入院、入心，有效打通宣传群众、教育群众、关心群众、服务群众、满足群众"最后一公里"。三是构筑新时代文明实践阵地。十八湾村新时代文明实践站构筑"1+3"新时代文明实践阵地（即1个村站点，3个院落分站点），建成以党群服务中心为主阵地，以刘家巷"法治文化院落"、沈家大院"产业文化院落"、万家大院"孝德文化院落"3个示范点位为分站点的阵地模式，将阵地建设延伸至院落，实现站点建设全覆盖，突出文明实践功能。

（三）案例点评

十八湾村在不断完善乡村治理体系、提高乡村治理效能过程中，探索出了适用于本村并促进村域发展的乡村治理新方法和新模式，乡村治理效果明显，实现了村民安居乐业、村庄稳定有序，让"弯弯村"走上直路，成为乡村治理的模板示范村。经验告诉我们：只有明晰本村发展现状，明确所在地的发展定位，充分利用好特色资源，乡村治理才能更加有效。

1. 党建引领是乡村治理的坚实基础

十八湾村深刻洞见到村级党组织在引领村庄治理中的核心领导地位和主体作用，始终围绕发挥村级党组织的功能效应，积极推动村级事业健康发展，着力激活党员能动性并以打造党建品牌为抓手，因地制宜，找准党组织建设和乡村治理的契合点，从增强干部领导能力、开拓党建治理新方法等方面推动村域经济发展，不断提升村级党组织的凝聚力和向心力。

2. 人才队伍是乡村治理的重要支撑

十八湾村能够在乡村治理方面取得一定成果，离不开人才队伍的支持。注重用好退役军人这支重要力量，创新"老兵工作站"这一载体，让退役军人在"院落治理、产业发展、乡村振兴"等方面发挥重要作用，有力助推"农业强、农村美、农民富"目标实现。同时，通过鼓励老党员同志深度参与、吸引乡贤及后备青年等方式不断壮大干部队伍，持续提升干部综合素养和工作能力，强化乡村治理人才队伍建设水平。

3. 文化建设是乡村治理的核心环节

和谐的村域文化氛围和强烈的文化认同感，是激活十八湾村乡村善治的源头活水。十八湾村通过院落文化空间重塑，积极推动家风文明建设，弘扬邻里和睦、孝老爱亲、遵法守法等和谐文明的价值观，通过营造良好氛围将群众团结在一起，有效增强了群众凝聚力和社会向心力。

第四节 集体经济实践案例

一、战旗村：激发乡村内生动力，推动乡村全面振兴

（一）背景导读

战旗村位于四川省成都市郫都区唐昌镇西北部，郫都区、都江堰市和彭州市三区（市）交界地，地处横山脚下、柏条河畔，距成都市中心城区 45 千米、郫都城区 21 千米，是成都市"绿色战旗·幸福安

唐"乡村振兴博览园核心区，也是"唐昌国家农业大公园·战旗村景区"组团核心区，2019年3月成功创建为国家AAAA级景区。战旗村原名集凤大队，1965年在兴修水利、改土改田活动中由于成绩突出成为一面旗帜，取名战旗村。2020年6月，原战旗村、金星村合并成立新战旗村，合村后幅员5.36平方千米，辖16个村民小组，共1445户、4493人，村党委下设6个党支部，党员162人。截至2021年底，战旗村集体资产达8497万元，集体经济收入655万元，村民人均可支配收入3.55万元。先后荣获全国社会主义精神文明单位、全国文明村、中国美丽休闲乡村、全国科技示范村、中国幸福村、全国乡村振兴示范村、省级"四好村"、四川集体经济十强村、四川十佳生活富裕村、四川省社区治理先进村等称号。2021年6月，战旗村党委被中共中央授予"全国先进基层党组织"荣誉称号。

2018年2月习近平总书记在视察郫都区战旗村时，殷切嘱托乡村振兴要"走在前列、起好示范"。郫都区战旗村牢记总书记嘱托，大力实施乡村建设行动，积极发展农产品加工、乡村旅游、休闲农业、农村电商、文创等产业，有效推动乡村功能融合、资源融合、业态融合，着力走出一条产村相融、产业互动、城乡互促、农民致富的改革发展之路。目前，村集体资产达到8120万元，村集体经济收入突破了653万元，全村人均可支配收入达到了3.5万元，较2017年分别上涨77%、42%和39%，综合实力位居"2020年全国村庄300强"榜单第66位。

（二）主要做法及重要成效

1. 强化党建引领，打造乡村振兴"红色引擎"

扎实开展村级建制调整改革，将金星村整体并入战旗村，现辖16个村民小组、村民4493人，成立新战旗村党委，圆满完成换届工作。探索"选育炼用管"五步工作法，吸纳返乡大学生、企业家等优秀人才10名进入村级后备干部库，培育锻炼输送 6 名干部跨村担任党组织书记或副书记。创新"三问三亮六带头"，深化"三固化四包干"联系服务群众机制，村社干部全覆盖结对企业、困难群众，帮助解决问题 300 余个。

2. 深化改革创新，激活乡村振兴"内生动力"

紧紧抓住农村集体经营性建设用地入市、宅基地制度改革试点机遇，有效盘活农村集体经营性建设用地资源和农用地资源，将原属村集体所有的复合肥厂等 13.4 亩闲置集体经营性建设用地成功流转，获收益 700 余万元，成功敲响全省农村集体经营性建设用地入市"第一槌"，建成"第五季·香境"商业综合体。组建集体资产管理公司，以 6.5 亩集体建设用地作价入股，与天府旅游公司合资成立四川战旗飘飘旅游开发公司，投资 4100 万元建设天府酒店。以 11 亩集体建设用地作价入股，与国企成立合资公司，建设四川战旗乡村振兴培训学院、酒店。整体租用村民闲置房屋，打造 3 万平方米花样里特色商业街。

将村集体低效闲置建设用地通过作价入股、合作共建等方式，引进港中旅等重点企业联合建设战旗乡村电影院、天府酒店等项目。深化宅基地"三权分置"改革，盘活村民闲置老旧房屋 21 户 15 亩，引进孵化一里小吃商业街等项目，入驻网络直播总部基地、手工艺品生产销售商户 80 余家，年产值超过 600 万元。以闲置厂房用地作价入股，联合区属国有公司共同成立四川战旗乡村振兴培训学院，引进中国建设科技集团打造乡村建设研究与实践展览馆，集成展示全国各地乡村振兴优秀实践案例，吸引温铁军、李昌平等专家 40 余名，培育高德敏、任建等本地"土讲师"50 余名，全年完成培训 2.2 万人，实现培训收入 840 余万元。

3. 推动产业融合，筑牢乡村振兴"富民根基"

推动农业"接二连三"融合发展，充分发挥战旗村国家 AAAA 级景区辐射带动作用，配合打造 72 平方千米农业大公园，建成战旗段 42 千米精品旅游环线、大地景观 2000 亩，乡村十八坊二三期等项目建成投运，全年旅游人数突破 80 万人次、实现旅游收入 5800 万元。依托绿色战旗品牌创新中心，推动产品品牌升级增值，年度新孵化知名品牌 20 余个，土特产品销往北京等一线城市，搭乘蓉欧班列出口法国、荷兰等国家，锦宁韭黄直供粤港澳大湾区。与腾讯等平台和国际商会合作，新培育省市级蜀绣工艺美术大师 18 人、市级非遗传承人 6 人，开发蜀绣高端产品 300 余个。

积极发展绿色高端种植业，推动汇菇源公司与四川省农科院合作，培育出川西平原特色优质菌种，产品供应海底捞火锅，年产值上亿元。聚集中延榕珍菌业、满江红、浪大爷等农产品生产加工企业 6 家，建立自动出菇车间等多条自动化生产线，年产值近 3 亿元。陆续引进渔牧蔬田、振兴一号牧草等一批新的现代农业项目，建成了绿色有机蔬菜种植基地 1800 余亩，培育省市著名商标品牌 3 个。培育复合业态，创新"农业＋互联网"模式，引入京东云创等互联网平台，建设精彩战旗馆，实现农产品线上销售，云桥圆根萝卜等产品卖到北京盒马生鲜超市。创新"农业＋文创"模式，采取"村集体出资＋村民参股"的方式组建合作社，建成乡村十八坊、一里小吃街等三产项目，入驻郫县豆瓣等 30 多种战旗特色品牌。创新"农业＋旅游"模式，成立四川花样战旗旅游景区管理有限公司，着力打造集酒店、文创、娱乐、购物为一体的川西文化旅游综合体，投资 7000 万元的特色"第五季•香境"商业街建成开街。创新"农业＋体验"模式，以战旗段绿道为载体，开展"泛战旗"横山村山地自行车运动赛事、热气球等活动，打造"两线一团精彩连连"乡村振兴体验精品路线，成功举办全国首个"乡村振兴"主题马拉松。

4. 转化生态价值，放大乡村振兴"绿色效益"

扎实推进农村人居环境整治，创新开设"垃圾"银行，实现垃圾分类回收、精准计量、用户积分、商品兑换一体化，全年垃圾减量50吨以上。完成3条沟渠生态打造，投资160余万元改造完成雨污管网，实现污水全部进入地下管网收集处理。大力治理面源污染，全面落实"河长制"，关闭铸铁厂等9家污染企业，打牢了生态基础。通过绿道体系有机串联周边西北村特色林盘和战旗村田园综合体，推动国家农业大公园、大美川西田园景观建设，打造大地景观5000亩，建成柏条河生态湿地、乡村郊野主题公园、高标准农田1000亩、20公里乡村绿道，有机串联火花村特色林盘、战旗村田园综合体等，塑造"田成方、树成簇、水成网"的乡村田园锦绣画卷。加快推进"清洁家园·靓丽村庄"环境整治，严格落实"河长制"，实施高标准农田整治、土壤有机转化1800亩，建成生态绿道3500米。创新"保底＋溢价分红"生态价值转化方式，将乡村生态资源作为集体资产进行包装策划，在吕家院子引进望丛釜火锅、田间里烧烤等项目，每年支付农户保底租金20万元，每月营业额3‰分红给村集体，可持续做好生态环境维护，实现集体资产增值、企业增效、农民增收。

5. 涵养文明乡风，构筑乡村振兴"精神动能"

深化农村精神文明建设，投资5000多万元，建成天府农耕文明博物馆、党史馆等"五馆"。与魅力映像等合拍全国首部乡村振兴题材电影《战旗飘飘》和电视剧《战旗村的当家人》，邀请知名报告文学作家孙侃完成长篇报告文学《战旗飘飘》，创作《在春天》等主题歌曲5首，编撰《善治郫都：良序乡风》、"乡村文化振兴丛书"。唐昌布鞋成功申报国家级非物质文化遗产名录。深化社会主义核心价值观教育，持续推进"国学进社区""大学生进农家"，常态开办国学课堂、道德讲堂，开展"晒家风、晒家训、晒家规"和"好公婆、好儿媳、好邻居"评选，教育引导村民养成好习惯。战旗村村规民约入选四川省100条最佳乡规民约，钟氏家族家风故事荣获全省经典家风好故事。聚文化力量传承乡土特色文化，弘扬"蜀绣""唐昌布鞋"等特色手工艺品，加大川西林盘、天府古镇等古建筑的保护修复和创新使用，变"拆改建"为"留改建"，打造吕家院子、集凤院子等川西林盘新消费场景。

6. 发挥主体作用，共享乡村振兴"治理成果"

创新乡村振兴的体制机制，不断巩固完善集体经济股份制改革、村民自治、宅基地管理等相关制度，先后修订《新战旗集体经济组织成员认定办法》《战旗村村民自治章程》，制定《战旗村宅基地统筹管理使用办法》《新村规划拆迁安置办法》，优化了村庄治理体系，提升了村庄治理能力。创新党组织领导、议事会决策、村委会执行、监委会监督的基层自治机制，组建村民议事会、红白理事会等自治组织6个，探索形成环境整治众筹模式。推进数字乡村治理，与杭州趣探路公司合作，建立农房、土地、产业等资源数字化管理平台，努力建成信息一张图、管理一张网。深化党建引领社会组织协同治理，引进培育益家社工等6个社会组织和志愿者团队参与乡村治理，组建"红色调解队"，开展"百姓纠纷大家评"，实施"安居、安家、就学、就业"四大工程，形成与邻为善、守望相助的良好氛围，入选全国20个乡村治理典型案例，荣获四川省乡村治理示范村。

（三）案例点评

1. 实施乡村建设行动是提升村民获得感、幸福感的重要途径

绿水青山就是金山银山，战旗村通过大力开展农村人居环境整治，补齐农村基础设施短板，建成沿河绿道和生态湿地，修复川西林盘10个，建成连片产业基地，带动聚集非遗展示、特色工艺、文创、电商等市场主体，承办国际社会农业高峰论坛、全国乡村旅游工作现场会

等，入选第一批全国乡村旅游重点村名录，持续丰富旅游业态、提升承载能力，年游客接待量突破 100 万人次，全村风貌得到明显提升，村民的幸福感显著增强。

2. 抓实土地改革是盘活乡村资源要素的重要方法

2007 年，通过实施城乡建设用地增减挂钩项目，完成新型社区建设，实现全村居民集中居住。2015 年，成功敲响四川省集体建设用地入市"第一槌"，将闲置地块公开挂牌出让，引进社会资金 7000 余万元建成乡村旅游综合体项目。战旗村紧紧抓住农村土地制度改革等改革契机，大力动员村民参与村集体经济发展，有效盘活村集体资源资产，通过集体建设用地入股、合作、租赁等方式，建设发展了一批项目，实现土地资源集约利用和产业集群发展。

3. 壮大集体经济是促进农民增收的重要手段

战旗村始终坚持把党建引领村集体经济发展放在第一位，改革开放以来，村里先后创办了机砖厂等 12 家集体企业，积累了集体经济"第一桶金"。率先全面完成产权制度改革，组建土地股份合作社，全村 90％的农户加入合作社，80％以上农用地实现集中规模经营。成立战旗资产管理公司，盘活村集体低效资源，发动村民自筹资金、自主设计，建成特色商业街，支持村民利用闲置房屋资源发展民宿、茶馆等业态，实现村民多元增收。

二、宝山实践：迈向共同富裕的乡村振兴

（一）背景导读

宝山村位于成都市龙门山腹地，彭州北部山区，全村幅员 56 平方千米，辖 13 个村民小组（合村并镇前为 15 个村民小组），620 户、

2035 人。彭州市宝山村是中国社会发展变迁的一个缩影。新中国成立前，宝山村是一个一穷二白、靠天吃饭的穷山村。新中国成立后，宝山村在村党组织的带领下，始终坚持以党建为引领，自力更生、艰苦奋斗，解放思想，大胆探索，因地制宜发展壮大集体经济、保护青山绿水构建生态屏障、夯实民生之基推进社会事业全面进步、坚定文化自信构筑乡村之魂，多措并举推进乡村振兴发展。在经历了艰苦创业、改革开放、转型升级、新农村建设到乡村振兴发展的壮阔历程后，打造形成外向型绿色工业、本土化现代农业和生态文旅发展体系，形成了集水电开发、矿山开采、林产品加工、旅游开发为一体，拥有 27 家企业的综合性集团公司，在党组织的带领下，通过探索社会主义市场经济体制下集体经济发展体制机制，不断推动共同富裕扎实迈进，基本建成美丽幸福的山区特色现代化新农村。据了解，2022 年镇村集体经济资产规模超过 110 亿元，实现经营收入 6 亿元，带动群众人均增收近 3000 元。从当初的单打独斗到今天的珠联璧合，龙门山镇鼓足"只要有信心，黄土变成金"干劲，联出了一片"抱团发展、村村共富"的新天地。先后荣获全国先进基层党组织、全国文明村、中国村庄经济百强村、中国乡村旅游模范村、中国美丽休闲乡村等称号。在2017 名村影响力排行榜（300 佳）排名第 14 位，名村幸福指数第 2位。2019 年入选《全国乡村旅游重点村名录》。

彭州市龙门山镇宝山村，从 20 世纪 60 年代白手起家、千方百计壮大集体经济，到 10 年前发展乡村旅游，历经 70 年奋斗成就了中国西部"第一村"。然而，2021 年与小鱼洞镇合并后，怎样解决村社发展不平衡、生态资源难转化等难题，成为龙门山新一届镇党委最为揪心的"头等大事"。集思广益之后，确立了以宝山村为主体，成立 11 个村社参与的集体经济联合体。通过村间资源整合、村集体资产统一经营、村社成员统一服务，蹚出一条"系统化整合资源、企业化投资经营、制度化管理保障"的集体经济发展新路子。

（二）主要做法及重要成效

1. 强化党建示范引领，推动宝山和谐善治

一是以党建引领统筹多项工作。宝山村在多年发展中坚持党建引领，将其贯彻到产业发展、企业管理、培训学院建设等多项工作中，以党建引领把握发展方向，保障发展的稳定性和包容性，并在发展过程中充分发挥党员干部的示范带动效应，确保重大项目实施和关键环节推进总体保持平稳有序。例如着力建设学习型党组织，充分发挥基层党组织战斗堡垒作用；村党委每月 28 日召开中层干部会议，几十年如一日地贯彻坚持；将宝山学院作为巩固党的基层组织建设的载体，秉承"党建引领、产学相融"办学理念，打造优质特色党建品牌。

二是建立"332N"治理模式。宝山村形成"党委＋村委会＋宝山集团"三套班子，一套人马共同治理的"三位一体"集中领导、"三会联开"（党委会、经营管理会和村民议事会）科学决策、"两化互动"（村民自治民主化和公司运作规范化）高效执行、"多方参与"立体监督的治理格局，建立了宝山村党委工作会议制度、党务工作制度、三会一课制度、党内民主生活会制度、村委会工作制度等，重视以制度建设规范治理过程。

三是建立"1＋3"治理互动机制。宝山村在凸显宝山企业集团对社会治理支撑地位的基础上，同步推进社区建设、本土社会组织建设、社会志愿工作建设，形成"1＋3"治理互动机制，组建党群服务中心，承接村务服务管理工作职能，并充分挖掘党员干部和村民的自身优势，培育农家乐协会、书画协会、摄影家协会、爱心互助社等本土优质社会组织，壮大本土化志愿服务能力。"1＋3"机制有效整合宝山企业集团、党员干部、村民等多元主体，形成集服务型、参与性、公益性、互助性于一体的治理互动机制，促进治理效能提升。

四是巧妙融合党委领导与企业化管理模式，建立村企一体化的管理体制。由于宝山村集体经济有一定基础，集团公司下属企业较多，为统一整合全村资源，有效协调各方力量，宝山村集体经济一方面实行企业化和集团化的组织管理模式，组建专业团队以企业化的方式经营本村集体经济，另一方面明确党委绝对领导地位，实现村党委定制总体方向，企业落实执行，班子成员参与企业决策，企业发展带动乡村振兴的有机融合，实行村党委管理下的村企合一制度，形成村企机构分设、班子成员一体的管理体制和经营模式。并按照班子成员分工和责任分别对村、企事务进行管理。

2. 发展壮大农村集体经济，促进农民持续增收

一是向土地要粮食，改土造田抓副业，实现温饱梦。以老书记贾正方为核心的村党组因地制宜、大胆创新，带领宝山村率先进行改革，以党员为骨干成立改土专业队，在"山高、沟深、坡陡、土薄"的乱石地里开山造梯田，通过手挖肩扛，共挖填泥土190多万立方米，改造梯田715亩，重点解决了村民的温饱问题。同时通过开办小联办企业、承接包工项目、喂养牲畜等方式推进农林牧副渔多种经营全面发展，解决"钱袋子"问题，实现了资本的原始积累，为后续集体经济的发展壮大奠定了经济基础。到1978年，粮食总产量从23万斤增加到了130多万斤，全村人均口粮超过450斤，劳动日值最高达25元，平均15元。宝山村村民不仅能够吃饱饭，家家户户还有了余粮，第一次向国家上交"红心粮"12万斤，集体也有了1600元的资金积累。宝山村彻底改变了一穷二白的落后面貌，摆脱了吃饭靠救济、花钱靠贷款的困难局面，实现了温饱梦。

二是拓展村民、职工增收渠道。进入20世纪，在宝山村强大的集体经济发展实力支持下，村民、职工收入由工资性收入、股份性收入和经营性收入3部分组成，其中工资性收入包括工资和奖金绩效，股

份性收入包括工龄量化股份分红、贡献大小股份分红、风险共担股份分红、福利股份分红四种。宝山集团经过多年发展，为本村村民提供了大量就业岗位，并根据每个企业的行业属性和经营特点，形成了完善的职工薪酬和奖金绩效体系。同时旅游产业发展中，仍然保留了村民参与产业的发展空间。集体经济支持引导村民在旅游规划的框架下自行修建农家乐、民宿、餐厅等设施，为参与农户统一邀请设计人员且对设计费进行补贴，并在实施过程中协调资源，带动村民发展个体经营的餐饮、农家乐、民宿、茶坊等业态，培育农户自主经营能力。全村 60% 以上农户在发展经营农家乐、民宿、餐饮、特色商品等，每年户均收益可达 80000 元以上。

三是建立多元化股权和分配机制。宝山村着眼于让农民得实惠，共享发展成果，通过"集体控股、村民职工参股"的股份制集体企业形式和"效率优先，兼顾公平、整体"的多元分配体系，形成了按工龄量化入股分红、按贡献大小入股分红、风险共担入股分红、福利股份分红的主要分配形式，通过优化集体经济股权制度，实现整体共同富裕。其一，实行"工龄量化入股"。从 20 世纪 80 年代开始，宝山村为回馈村民职工过去为集体企业发展和积累所作的贡献，对一部分物化劳动的积累实行"按工龄量化入股分红"，先后进行工龄量化股份，将集体经济重大项目发展成果按照职工总的工龄量化全体职工，每年领取股份分红。股份持有人享有分红收益权，在公司上班或根据公司制度正常离退休，股份继续有效。其二，探索"风险共担入股分红"。拓展以现金和资源折资入股模式，同时规定入股上限，鼓励村民参与集体项目建设，风险共担，按股分红，探索股份制改革。其三，设立"福利股份分红"。对全村生产队没有林地等资源折资的情况，按照兼顾整体的原则，将集体发展的成果按照一定股份比例普惠到每一个生产队和村民，使村民更加团结一致、全心全意发展集体经济。其四，设计"按贡献大小入股分红"。在按工龄量化入股分红坚持公平性、整体性的基础上，又体现差异性。结合岗位、职称、文化，尤其是给集体作出的贡献和绩效等因素对每一个职工股份额进行差异性评价量化，实现多劳多得，贡献大的收入更高。

四是大幅改善村民公共福利。宝山集团每年将收益的40％用于分配，集体股收益的一部分用于村庄基础设施建设及村民福利。集体经济的发展显著提升了宝山村公共产品供给水平，村内道路、用水、供电、通信网络、天然气等基础设施建设全面提升，修建了文化中心、户外运动中心、村庄发展学校、图书馆、博览馆、文化活动广场、医疗服务中心等多元化公共服务场所，基础设施和公共服务的完善程度位居全国前列。村民能够从基础设施建设、公共服务改善获得更多便利。同时，宝山村构建了将集体经济收入用于用水用电补贴、学生助学奖励、医疗保障、困难补助、老年人茶水补贴、敬老爱老奖励等公共福利改善性供给的制度。目前，宝山村基本实现了"学有优教、劳有高酬、病有良医、住有优居、老有所养"。

3. 提升自身发展内生动力，不断拓宽发展空间

一是积极引进培育人才，改善人力资本。通过"招、引、请、聘、送"挖掘培养人才。随着经济社会持续发展，宝山村根据产业等发展需求，聘请营销、策划、管理、技术等人才为宝山发展服务。同时，宝山村重视员工教育培训，积极与省内外院校合作，并依托宝山村庄发展学院定期邀请专家、工程师等专业人才到村指导授课。对人才赋能的高度重视，有利于宝山村破解农村普遍存在的人才外流难题，将本地人才留在村内。据统计，近年宝山村本村毕业的大专及以上学历的大学生，有98％以上回到宝山村工作。宝山村对于外来人才表现出极大的包容和融合态度，外聘人才在公司股份、分红、住宅等方面可以享受和本村村民同等待遇，员工晋升空间不受户籍影响。目前集团企业外籍干部、职工占比60％以上，生动诠释了"来到宝山村、即为

宝山人"的价值取向。

二是加大对外投资建设，拓展发展空间。宝山村可利用的物质资源终究有限，且地处山区，地形狭窄，工业难以集中发展。当村内发展的企业趋于饱和时，宝山将目光投向村外，探索"立足本地、向外发展"。以水电产业为先导，宝山村开始对外投资建设，先后在汶川、理县、茂县、雅安等地开发水电站，并在村外开办宝山木业，其已经发展成为产值达到数亿元、省级农业产业化发展重点龙头企业。

三是积极推动产业业态融合和经营模式创新。宝山村积极探索山地度假产业发展，布局山地运动、乡村旅游、森林康养等产业。同时，集体经济与个体农户旅游产品的经营模式提质升级，从过去以大众消费群体为主要对象的农家乐1.0版本，逐步发展到针对中高端消费群体民宿版本。随着卡丁车俱乐部、全地形车、峡谷蹦极、高空滑索等特色山地运动项目的推出，以及温泉度假酒店、绿野星辰帐篷酒店、仙泉山麓、青青花园、半盏山房等精品、高端旅游产品的呈现，宝山村已形成"山地运动＋乡村旅游＋生态康养"等低中高端多层次并进发展、一二三产跨界贯通、覆盖多个消费层次多类消费群体的综合性旅游产业形态。

（三）案例点评

从宝山村的实践来看，就一个村的发展而言，坚持基层党组织领导是关键，坚持共同致富是目标，坚持产业转型升级是重点，坚持空间拓展是途径，坚持自力更生是根本。就普适性来讲，宝山村以基层党组织建设为切入点，有效破解了"双弱化"困境，其做法和经验可借鉴、可复制、可推广，对全国类似农村实现全面小康有重要的样本价值，不仅适用于集体经济基础较好的城郊村，对发展条件较差的远郊村、山区村、贫困村同样具有很大的借鉴意义。

1. 坚持以基层党组织建设来统筹农村各项工作

宝山村多年来的实践也反复证明，只有加强党组织对农村各项工作的统筹，才能凝聚起巨大的发展合力。首先，关键是配备一个战斗力、凝聚力强的班子。从宝山村的发展历程看，20 世纪 70 年代的创业之路烙下了老书记贾正方深深的个人印记，如今的转型发展也留下了现任书记贾卿的个人符号。宝山村的发展说明了一个村的发展离不开基层党组织的有力领导，当务之急是配好党组织书记，健全党组织领导班子，锻炼一支肯吃苦、甘奉献、干实事的党员干部队伍。其次，核心是充分发挥好农村精英的协同效应，农村精英是指那些成长于基层，具有强烈责任意识和较强个人能力，掌握较多经济、社会资源或政治资源，从而在当地政治、经济和社会生活中具有一定影响力、号召力和凝聚力的权威人物。积极引导本土精英和外来精英向农村广泛集聚，尤其是动员本土籍企业家和农民工回乡创业。最后，重点是完善基层党组织的运行机制，宝山村除了全面贯彻落实中央、省委、市委关于党组织建设的一些"规定动作"之外，还把这些规定具体化、生动化、操作化，使之成为每名党员干部的行为准则，实现了内化于心、外化于行。

2. 坚持从集体经济分配制度入手来推动共同致富

宝山村的实践经验主要通过处理好集体和个人的关系，实现了集体经济发展和村民共同致富。一方面是处理好集体与个人的关系。宝山村任何产业均是同步推动集体与个人发展，在集体经济发展壮大的过程中，要通过工资、租金和入股分红等多种方式让村民共享集体经济发展成果，推动共同致富；也要通过制定村规民约等办法约束村民行为，防止出现个体对集体利益的损害与侵占。另一方面是处理好当前与长远的关系。集体经济发展壮大的过程也是一个资本再积累、生产再扩大的过程。宝山村在发展的各个阶段都非常注重处理好当前发展和长远发展的关系，坚持在留够集体发展资金的基础上再对剩余利润进行分配。在宝山集团公司的利润分配中，60%的利润留存企业用于投入再生产，剩下的40%再分配给村民。正是在利润分配上处理好了当前与长远的关系，宝山村才能够在几十年的发展中长盛不衰，创造出一个又一个奇迹。对还处在创业初期的农村而言，集体组织赚得的利润则应积累下来，主要用于扩大生产规模，不能分完用光，更不能寅吃卯粮。

3. 坚持以有形资源与无形资源有机整合实现集体发展

宝山村在发展中始终坚持用全球思维来看待和环抱全球资源、劳动力、科学技术和产品，敢于"无中生有"，善做"无米之炊"，在没有条件的地方创造机会，在缺乏资源的地方挖掘财富。宝山通过资本输出，凭借外部的水电资源成功建立了较大规模的水电产业"帝国"，依靠外部的土地、森林资源建立了现代化的木板制造厂，这些都是积极向外拓展资源的典型案例。同时，宝山村大力拓展无形资源，包括向文化、历史、人脉、政治、政策资源等非物质领域延伸，无形资源的开发利用为宝山初期发展提供了重要帮助。目前，宝山村更加注重对老书记的标杆和旗帜价值的合理利用，打造形成巨大品牌效应，以此争取政策支持和市场认可。宝山村的经验启示我们，发展村域经济，既要善于在保护的基础上充分挖掘自然资源，也要善于拓展无形资源，利用无形资源吸引、集聚和整合有形资源。

参考文献

[1] 刘朝帅，王立胜. 中国特色反贫困道路深化：乡村振兴战略 [J]. 经济与管理评论，2022（6）：144-160.

[2] 燕连福，谢克. 中国特色反贫困理论的创新性贡献及对推进乡村振兴战略的指导意义 [J]. 思想理论教育导刊，2021（7）：6.

[3] 习近平. 扎实推动共同富裕 [J]. 共产党员，2021，（21）：5-7.

[4] 黄承伟. 论乡村振兴与共同富裕的内在逻辑及理论议题 [J]. 新华文摘，2022（6）：4.

[5] 蒋永穆，何媛. 扎实促进全体人民共同富裕：时代要求，难点挑战和路径安排 [J]. 思想理论教育导刊，2021（11）：4-12.

[6] 魏后凯，叶兴庆，杜志雄等. 加快构建新发展格局，着力推动农业农村高质量发展——权威专家深度解读党的二十大精神 [J]. 中国农村经济，2022（12）：2-34.

[7] 习近平. 加快建设农业强国推进农业农村现代化 [J]. 新长征，2023（7）：4-11.

[8] 习近平. 举全党全社会之力推动乡村振兴 [J]. 大社会，2022（6）：7.

[9] 金筱萍，陈珉希. 乡村振兴视域下乡村文明的价值发现与重构 [J]. 农村经济，2018（7）：7.

[10] 程银，李建军，杨正军. 中国共产党乡村治理的百年变迁及经验启示 [J]. 青海社会科学，2021 (5)：55-62.

[11] 黄鑫权. 新时代乡村振兴问题研究--基于马克思主义乡村发展思想的视域 [D]. 贵州：贵州师范大学，2020.

[12] 喜平. 中国共产党百年来对人民立场的坚守 [J]. 社会科学研究，2021 (1)：1-9.

[13] 慕良泽，赵勇. 中国共产党"三农"战略：百年回溯与展望 [J]. 中国农村观察，2021 (3)：2-14.

[14] 徐勇. "政党下乡"：现代国家对乡土的整合 [J]. 学术月刊，2007 (8)：13-20.

[15] 郑适，喻智健，王志刚. 中国共产党农业经济思想的百年演进：经验与展望 [J]. 教学与研究，2021 (6)：57-69.

[16] 唐任伍，唐堂，李楚翘. 中国共产党成立 100 年来乡村发展的演进进程、理论逻辑与实践价值 [J]. 改革，2021 (6)：27-37.

[17] 李重，毛丽霞. 中国共产党领导乡村发展的百年探索和基本经验 [J]. 西安交通大学学报（社会科学版），2021 (4)：49-57.

[18] 习近平：决胜全面建成小康社会 夺取新时代中国特色社会主义伟大胜利 [N]. 人民日报，2017-10-28 (1).

[19] 陈军亚. 韧性小农：历史延续与现代转换——中国小农户的生命力及自主责任机制 [J]. 中国社会科学，2019 (12)：82-99+201.

[20] 柯炳生. 发挥好市场和政府作用构筑完备食物保障体系 [N]. 农民日报，2021-05-15.

[21] 范建刚，赵志强. 城乡融合发展视阈下的乡村产业振兴研究 [J]. 农村经济，2023 (1)：35-44.

[22] 邓斌，韦国友. 乡村人才振兴的制度性建设 [J]. 社会科学家，2023 (2)：136-140.

[23] 李海金. "外源内生"：乡村人才振兴的实现路径 [J]. 人民

论坛，2023（17）：56 - 60.

［24］张新勤. 新时代乡村人才振兴的现实困境及破解对策［J］.农业经济，2021（10）：98 - 99.

［25］张森. 乡村文化振兴的实质与推进思路［J］. 人民论坛，2023（17）：104 - 109.

［26］汪勇政，唐婷，李久林，等. 基于文本解码的中国"三农"政策演进研究［J］. 安徽农业大学学报（社会科学版），2020（5）：20 - 27.

［27］慕良泽，赵勇. 中国共产党"三农"战略：百年回溯与展望［J］. 中国农村观察，2021（3）：2 - 14.

［28］钱正武. 习近平关于坚持农民主体地位重要论述的价值意蕴［J］. 常州工学院学报（社科版），2019（4）：108 - 113.

［29］耿国阶，王亚群. 城乡关系视角下乡村治理演变的逻辑：1949～2019［J］. 中国农村观察，2019（6）：19 - 31.

［30］黄祖辉，李懿芸，毛晓红. 我国耕地"非农化""非粮化"的现状与对策［J］. 江淮论坛，2022（4）：13 - 21.

［31］王双正."三化同步"大视野下我国的耕地保护［J］. 经济理论与经济管理，2012（2）：20 - 27.

［32］刘健. 耕地非农化与粮食安全问题研究：基于生产可能性曲线分析［J］. 广东土地科学，2016（2）：4 - 10.

［33］赵晓峰，刘子扬."非粮化"还是"趋粮化"：农地经营基本趋势辨析［J］. 华南农业大学学报（社会科学版），2021（6）：78 - 87.

［34］周飞舟，王绍琛. 农民上楼与资本下乡：城镇化的社会学研究［J］. 中国社会科学，2015（1）：66 - 83＋203.

［35］郭金丰. 乡村振兴战略下的农村土地流转：市场特征、利益动因与制度改进——以江西为例［J］. 求实，2018（3）：79 - 97＋112.

［36］匡远配，刘洋. 农地流转过程中的"非农化""非粮化"辨析［J］. 农村经济，2018（4）：1 - 6.

[37] 郭小聪，代凯. 国内近五年基本公共服务均等化研究：综述与评估 [J]. 中国人民大学学报，2013（1）.

[38] 姜晓萍，郭宁. 我国基本公共服务均等化的政策目标与演化规律——基于党的十八大以来中央政策的文本分析 [J]. 公共管理与政策评论，2020（6）：33-42.

[39] 郭露，王峰，肖芳. 基本公共服务均等化如何影响收入分配流动性——来自中国家庭的证据 [J]. 南方经济，2023（11）：19-37+160.

[40] 范逢春. 基本公共服务均等化如何推动共同富裕？[J]. 理论与改革，2023（2）：97-108+151.

[41] 尚虎平，石梦琪. 基本公共服务均等化事业的理论归依——习近平新时代中国特色社会主义思想对基本公共服务均等化的理论奠基探析 [J]. 理论探讨，2021（6）：62-69.

[42] 梅正午，孙玉栋，刘文璋. 公共服务均等化水平与公民社会公平感——基于 CGSS 2013 的分析 [J]. 财贸研究，2020（4）：63-74.

[43] 熊兴，余兴厚，王宇昕. 我国区域基本公共服务均等化水平测度与影响因素 [J]. 西南民族大学学报（人文社科版），2018（3）：108-116.

[44] 王敬尧，叶成. 基本公共服务均等化的评估指标分析 [J]. 武汉大学学报（哲学社会科学版），2014（4）：103-110.

[45] 康健，姜晓萍. 基本公共服务均等化实现程度：评价要素与维度 [J]. 上海行政学院学报，2020（2）：28-34.

[46] 唐斌，席振华，曾镇坚. 农村基本公共服务均等化政策的演进逻辑及其实践工具——基于"中央一号文件"的质性分析 [J]. 甘肃行政学院学报，2021（3）：24-33+125.

[47] 张启春，杨俊云. 基本公共服务均等化政策：演进历程和新发展阶段策略调整——基于公共价值理论的视角 [J]. 华中师范大学

学报（人文社会科学版），2021，60（3）：47-56.

[48] 杨波. 论基本公共服务均等化的演进特征与变迁逻辑——基于 2006-2018 年政策文本分析 [J]. 西南民族大学学报（人文社科版），2019（5）：196-202.

[49] 李曼音，王宁. 城乡基本公共服务均等化的现实困境与纾解 [J]. 人民论坛，2018（7）：68-69.

[50] 穆克瑞. 新发展阶段城乡融合发展的主要障碍及突破方向 [J]. 行政管理改革，2021（1）：79-85.

[51] 李轲. 共同富裕视角下基本公共服务均等化的制度性梗阻与纾解路径 [J]. 河南社会科学，2022（11）：107-115.

[52] 习近平.《论"三农"工作》[M]. 北京：中央文献出版社，2022：114.

[53] 卢海丽，张立国，高寒等. 城乡教育一体化视野下乡村义务教育优质均衡发展的困境及疏解 [J]. 教育理论与实践，2023（28）：26-33.

[54] 李晓琳. 进一步完善农民工随迁子女教育政策——基于对 46 个地级及以上城市的问卷调查 [J]. 宏观经济管理，2022（6）：38-45.

[55] 翟绍果，徐天舒. 从城乡统筹到助推共同富裕：社会保障的现实挑战、制度逻辑与渐进路径 [J]. 中共中央党校（国家行政学院）学报，2023（2）：80-89.

[56] 朱小玉，杨良初. 基本养老保险覆盖全民问题研究 [J]. 财政科学，2021（3）：63-72.

[57] 黄亚新，王长青. 从失配到适配：农村医疗卫生服务可及性的逻辑转换 [J]. 学海，2022（5）：90-97.

[58] 于大川，李嘉欣，蒋帆. 农村医疗保险能否巩固脱贫攻坚成果——基于贫困脆弱性视角的检验 [J]. 金融经济学研究，2022（2）：122-133.

后　记

务农重本，国之大纲。乡村振兴是农村发展的目标所向，是扎实推动全体人民共同富裕的必然选择。从乡村振兴战略的实施到如今全面推进乡村振兴，我国乡村面貌发生了翻天覆地的变化。2023年7月，习近平总书记来川视察，作出了"在推进乡村振兴上全面发力"的重要指示，这是习近平总书记着眼战略全局作出的重大部署之一，也是为四川量身作出的战略指引之一，为四川当前和今后一个时期加快农业农村现代化指明了主攻方向，具有十分重要的指导意义。2024年中央一号文件指出，"把推进乡村全面振兴作为新时代新征程'三农'工作的总抓手"，"有力有效推进乡村全面振兴，以加快农业农村现代化更好推进中国式现代化建设"。新时代新征程做好"三农"工作，必须以更加有力的举措和行动，全面发力推进乡村全面振兴不断取得实质性进展、阶段性成果。

本书是2023年中共成都市委党校（成都行政学院）学习贯彻习近平总书记来川视察重要指示精神重大专项课题"在推进乡村振兴上全面发力研究"最新成果，重点围绕全面发力推进乡村振兴的理论解构、政策思考及成都实践探索三个部分，以成都做法和经验为基础，为进一步明确全面发力推进乡村振兴的路径、解决农业现代化进程中的难题提供了具有重要决策参考价值的政策建议。参与本书案例调研、编写及修改工作人员安排如下：

导论、第一章、第四章由吴晓婷（中共成都市委党校［成都行政学院］）撰写；

第二章、第七章由曾建霞（贵州财经大学）撰写；

第三章、第八章由李辉（中共眉山市委党校［眉山市行政学院］）撰写；

第五章由曹怡沛（中共崇州市委党校［崇州市行政学院］）撰写；

第六章由黄远欢（中共眉山市委党校［眉山市行政学院］）撰写；

第九章由祁祁（中共成都市委党校［成都行政学院］）撰写；

第十章由刘敏（四川农业大学经济学院）撰写。

本书出版之际，衷心感谢国家行政学院出版社对本书给予了大力支持，高质量保证了本书出版工作。在编写过程中，成都市农业农村局等单位给予了大力支持，谨对所有给予本书帮助支持的单位和同志表示衷心感谢。本书的编辑出版用时将近一年，虽然编写组尽最大努力，仍难免纰漏，敬请广大读者谅解并指正。